Schirner Verlag

ULLA ROSENBERGER

Glückssteine für das Horoskop

Bedeutung und Wirkung der Edelsteine in der Astrologie

Schirner Verlag

ISBN 978-3-8434-5159-8

Ulla Rosenberger:
Glückssteine für das Horoskop
Bedeutung und Wirkung der
Edelsteine in der Astrologie

Cover: Anke Müller, Schirner
Umschlag & Layout: Marie Springer,
Schirner, unter Verwendung von
#264254108 (©xenia_ok), #101510662
(©Katyau), #480383305 (©Snowbelle),
www. shutterstock.com
Lektorat: Kerstin Noack, Schirner
Printed by: Ren Medien GmbH, Germany

www.schirner.com

1. Auflage November 2017

Inhalt

Einführung

Die Zuordnung von Edelsteinen zu Sternzeichen ist wohl so alt wie die Astrologie selbst. Schon immer hat der Mensch seine Eigenschaften und Wesensmerkmale in Verbindung mit dem gebracht, was er in allen Dingen um sich herum erkannte. Dies hat ihm geholfen, die Ordnung im Universum, die energetischen Gemeinsamkeiten zwischen sich und den Objekten der Welt und damit sich selbst besser zu verstehen. Die Welt der Edelsteine ist heute umfangreicher, ihre Erforschung weiter fortgeschritten als je zuvor. Da ist es nachvollziehbar, dass die Edelsteine mit ihren bestimmten Eigenschaften immer genauer den Sternzeichen-Charakteren mit den gleichen Aspekten zugeordnet werden können.

Spricht man beispielsweise dem Widder elementare Kraft zu, passt der Hämatit bestens in das gleiche Schema, er bietet sozusagen eine Geistesverwandtschaft zu den typischen Merkmalen des Zeichens. Von ihm können die Widder-Geborenen lernen, ihre eigene Mitte zu finden und ihre innere Bestimmung zu leben. Ebenso können die Steine einem allzu typischen Vertreter seines Sternzeichens Ausgleich vermitteln. Sie geben ihm das, was ihm häufig fehlt.

Es gibt viele unterschiedliche Interpretationen von Edelsteinwirkungen und astrologischen Einflüssen, da ist es verständlich, dass die Zuordnungen der Steine zum jeweiligen Sternzeichen von Buch zu Buch variieren können. Wichtig zu wissen ist: Steine gehören den Sternzeichen nicht an. Sie stellen jedoch eine Entsprechung oder gewinnbringende Ergänzung zu den typischen Eigenschaften eines Sternzeichens dar. Auch sind die Vertreter eines Sternzeichens nicht an die zugeordneten Steine gebunden. Solange die Steine Sie aber zu der Kraft führen, die Ihnen Ihr Sternzeichen zur Zeit Ihrer Geburt in die Wiege gelegt hat, und diese Kraft von den Steinen in die richtigen Bahnen gelenkt wird, kann das nur förderlich für Sie sein auf Ihrem Weg durchs Leben.

Neben den modernen Interpretationen der Sternzeichen in Verbindung mit den Edelsteinkräften finden Sie in diesem Buch auch überlieferte indianische und keltische Sichtweisen auf die Astrologie. Bei den Themen Liebe, Gesellschaft und Lebensstil können Sie entdecken, wie verblüffend die Gemeinsamkeiten sind, die sich unabhängig von Kultur, Land und Zeit gebildet haben. Lassen Sie sich durch die mystische Welt der Steine führen, und entdecken Sie Ihre Begleiter aus dem Mineralreich.

Der feurige Widder

Geburtstag: 21. März bis 20. April
Herrschender Planet: Mars
Element: Feuer
Qualität*: kardinal
Typus: der Anführer

Der Widder ist das erste Zeichen im Tierkreis, das Zeichen für Erneuerung und Aufbruch. Es steht wie kein anderes für Tatkraft, für den Blick nach vorne und den Drang, die Initiative zu ergreifen. Der Widder geht immer den direkten Weg oder er schafft ihn sich nach seinen Vorstellungen. Wo andere noch damit beschäftigt sind, sich Ziele zu setzen und diese auszuarbeiten, hat er sich längst auf den Weg gemacht oder sein Ziel sogar schon erreicht. Er ist begeisterungsfähig und kann für eine Sache regelrecht entflammen. Sein inneres Feuer treibt ihn an, es macht ihn zum Entdecker, zum Vorreiter und zum Wegbereiter. Aus diesem Grund finden sich viele Widder-Geborene in leitenden Positionen wieder. Der Wagemut des Widders ist allerdings nicht weit entfernt von der Waghalsigkeit. Deshalb kann es

* Die drei Qualitäten *kardinal, fix* und *veränderlich* zeigen an, in welcher Form ein Zeichen seine Energie einsetzt.

passieren, dass er in seinem Enthusiasmus alle Vorsicht vergisst oder sie sogar bewusst zur Seite schiebt. In solchen Situationen nimmt er auch keinen guten Rat mehr an und kann dadurch sich selbst und anderen Schaden zufügen. Hat er aber gelernt, mit seiner Energie umzugehen, wird er sie immer zum Wohle der Menschen um sich herum einsetzen.

Der Dolomit

Ein wichtiger Stein für den Widder ist der Dolomit, denn er hilft ihm, sein Temperament zu mäßigen, wenn es allzu sehr überschäumt. Ein guter Schlichter ist jemand, der sein Gegenüber versteht. Der im Grunde genau wie er ist und dennoch die Fähigkeit hat, ihn zum eigenen Wohle zu lenken. Diese Eigenschaft besitzt der Dolomit. Er steht ebenso wie der Widder für Selbstverwirklichung und zielgerichtetes Handeln. Mit beidem fällt es leicht, die gestellten Aufgaben mit Elan zu bewältigen, im privaten wie auch im gesellschaftlichen Bereich. Doch der Dolomit bringt einen weiteren Aspekt ein, den der Widder gut gebrauchen kann: Er sorgt für Ausgeglichenheit und Gemütsruhe, verleiht innere Stabilität und eine bodenständige Einstellung zum Leben. Selbst bei starken Gefühlsausbrüchen hilft der Stein. Mit ihm kann der

Widder also seine negativen Wesenszüge mindern, um den positiven mehr Raum zu geben. Das Wirkspektrum, das der Dolomit auf der emotionalen Ebene des Widders erzielt, spiegelt sich auch auf der körperlichen wider: Er bindet und neutralisiert überschüssige Säure und löst stressbedingte Verspannungen. ***Verfügbarkeit:*** meistens als Trommelstein erhältlich. ***Anwendung:*** bei sich tragen oder als Wasserstein nutzen.

Der Hämatit

Der Hämatit besteht in erster Linie aus Eisen. Dieses Metall ist eines der häufigsten Elemente in der Erdkruste, und es ist dem Planeten Mars zugeordnet. Der Hämatit ist hilfreich, wenn es um die elementaren Grundbedürfnisse des Menschen geht. Er steht für physische und psychische Kraft, für Mut und Durchsetzungsvermögen. Bei diesen Eigenschaften verwundert es nicht, dass der Hämatit einer der wichtigsten Steine für den Widder ist. Durch ihn kann er in seine Kraft kommen und sie gewinnbringend nutzen. Er kann mit dem Stein in manchen Situationen sein sprichwörtlich überkochendes Blut reinigen, um mit der neuen, reinen Energie die Angelegenheiten ihrem Wesen entsprechend zu bearbeiten. Hämatit gibt dem Widder jene Tatkraft, die ihn auf geradem Weg zum Ziel bringt. Der na-

türliche Optimismus des Widders findet neuen Raum, den er in der Regel nutzt, um für sich und für andere die Lebensqualität zu verbessern, sei es zu Hause, im Beruf oder in anderen Bereichen. Ferner ist der Hämatit ein Schutzschild gegen Schwäche und Dinge, die müde machen. Die Zellen werden mit neuer Energie versorgt, die körperliche und die mentale Kraft gestärkt. Ein echtes Powerpaket. ***Verfügbarkeit:*** in allen Formen erhältlich. ***Anwendung:*** nicht bei Entzündungen verwenden.

Der rote Jaspis

Alle zur Jaspis-Familie gehörenden Varietäten sind erdende Steine. Sie stehen für Realitätsbewusstsein, Pragmatismus und Standhaftigkeit. Eigenschaften, die für den Widder sehr nützlich sind, vor allem dann, wenn er so sehr für ein neues Projekt »brennt«, dass er lauernde Gefahren nicht mehr sieht. Ohnehin ist der rote Jaspis ein wichtiger Begleiter für viele Lebenslagen, darauf deutet schon seine Häufigkeit hin. Wie der typische Widder strahlt er Willenskraft und Mut aus. Sein Motto ist Voranschreiten, um das zu tun, was gerade wichtig ist und dies auch dann, wenn es dabei gilt, Schwierigkeiten und Konflikte zu überwinden. Er verleiht die dafür notwendige Durchsetzungskraft und Ausdauer, vor allem für die eigenen Pläne. Darum fällt es dem Widder leicht, mit dem roten Jaspis zu korrespondieren und seine gewinnbringenden Aspekte zu nutzen. So kann der Stein mit seinen erdenden Eigenschaften diese kräftige von innerer Ausgeglichenheit getragene Energie aufbauen, für die er bekannt ist. Fazit: Für Widder-Geborene, die in ihre eigene Kraft kommen wollen und dabei zusätzlich ein gesundes Gleichgewicht für Körper und Geist brauchen, ist der rote Jaspis der richtige Stein. ***Verfügbarkeit:*** häufig. ***Anwendung:*** verschiedene Arten nutzbar.

Der Feueropal

Im indianischen Horoskop hat der Widder den Falken (oder Roten Habicht) als Tier-Totem und den Feueropal als Verbündeten im Mineralreich. Der Feueropal wurde seit frühester Zeit von den indianischen Stämmen zu Ritual- und Heilzwecken genutzt. Seinem Erscheinungsbild getreu verleiht er im übertragenen Sinne Feuer, indem er Spontaneität und neue Impulse zündet. Er entfacht die Begeisterung für neue Ideen sowie den Ansporn, diese schnell umzusetzen. Er befreit Emotionen und Kreativität, macht fröhlich und aufgeschlossen.

Wie sein Stein entflammt der Widder schnell für Neues, und seine Lebensfreude wirkt ansteckend auf seine Mitmenschen. Doch es ist ratsam für ihn, auch aus den Schwächen des Steins zu lernen. Der Feueropal,

der häufig eingebettet in Vulkangestein oder in der Nähe heißer Quellen gefunden wird, kann aufgrund seiner porösen Kristallverbindung und der inneren Spannungen leicht die Farbe verlieren oder gar zerspringen. Der Widder, der sich mit allzu viel Feuereifer auf ein neues Projekt stürzt, prüft dieses oft nicht ausreichend auf eventuelle Fehler. Droht es zu scheitern, wird in ihm die Anspannung zu groß und seine Kraft zerbröselt regelrecht. Der Feueropal hilft ihm, stets achtsam mit sich und dem Umfeld zu bleiben. ***Verfügbarkeit:*** gering. Als Rohstücke in Muttergestein, gute Qualität als Schmuck verarbeitet. ***Anwendung:*** als Schmuck tragen.

Die Widder-Frau in der Liebe

Sie ist leidenschaftlich, furchtlos, voller Tatendrang und erreicht durch ihre offene und direkte Art ihre Ziele spielend. Sie fühlt sich in großen Gruppen von Menschen sehr wohl, vor allem, wenn sie im Mittelpunkt der Aufmerksamkeit steht. Sie liebt die Erotik und geht damit genauso unbefangen um wie mit allem anderen, was bedeutet, dass der Mann nach der ersten feurigen Begegnung nicht zwangsläufig davon ausgehen darf, sie sei hoffnungslos in ihn verliebt. Ohnehin sollte er selbst über einen starken Charakter verfügen, um ihr im täglichen Leben gewachsen zu sein. Denn sie hat ihren eigenen Kopf, gibt Geld lieber aus, statt es zu sparen, und streitet gerne. Aber sie ist niemals langweilig. Passender Stein: Feueropal.

Der Widder-Mann in der Liebe

Er fällt auf durch seine direkte, offene Art, die keinen Zweifel an seiner Position im eigenen Kreis lässt. Was er sich vorgenommen hat, wird er ohne Zögern umsetzen und sich dabei nicht ausbremsen lassen, denn er weiß, was er tut. Auch in der Liebe zeigt sich sein impulsives Wesen, Geduld beim Kennenlernen liegt ihm nicht. Sagt die Frau »ja«, wird der stürmische Widder sie nicht enttäuschen. Möchte sie ihn fest an sich binden, sollte sie ihm seinen Aktionsradius lassen und ihn in seinem Tun bestätigen. Er liebt Frauen, die gleichermaßen intelligent wie reizvoll sind. Passender Stein: Hämatit.

Das keltische Horoskop

Bäume im Zeichen des Widders

21.3.

Eiche – »Die robuste Natur«

Die Eiche erfreut sich bester Gesundheit, hat eine enorme Ausstrahlung und eine unbeugsame Wesensart. Sie braucht Freiraum für ihren Tatendrang. Nur ein Tag ist ihr gewidmet, weil es nicht viele Menschen wie sie gibt. Bevorzugter Stein: Hämatit.

22.3. bis 31.3.

Haselstrauch – »Das Außergewöhnliche«

Im Zeichen des Widders tritt der Pioniergeist des Haselstrauchs in den Vordergrund. Der Drang, neues Terrain zu erobern, bringt ihn nach vorne. Zielorientiert geht er die größten Herausforderungen an und ist ein idealer Lehrer und Führer. Bevorzugter Stein: roter Jaspis.

1.4. bis 10.4.

Eberesche – »Das Feingefühl«

Die Eberesche wirkt zart, doch sie ist stark und trotzt den Stürmen im Leben. Sie ist gern in Bewegung, heiter, fühlt sich überall schnell heimisch und ist bestrebt, aus jeder Situation das Beste zu machen. Bevorzugte Steine: Dolomit/Feueropal.

11.4. bis 20.4.

Ahorn – »Die Eigenwilligkeit«

Bekommt der Ahorn die Freiheit, die eigene Art voll zu entfalten, entwickelt er ein gesundes Maß an Selbstachtung, Optimismus und Ehrgeiz. Er ist ein Individualist, oft originell und manchmal genial. Vorsicht vor seinem Humor. Bevorzugte Steine: Feueropal/roter Jaspis.

Der gewissenhafte Stier

Geburtstag: 21. April bis 20. Mai
Herrschender Planet: Venus
Element: Erde
Qualität: fix
Typus: der naturverbundene, materialistische Mensch

Der Stier-Geborene ist ein Mensch, der mit beiden Beinen fest auf dem Boden der Realität steht. Er hat ein zumeist ausgeglichenes Wesen, das den Menschen in seiner Nähe Sicherheit und Wohlbefinden vermittelt. Er braucht Ordnung sowie Beständigkeit und meidet plötzliche, tief greifende Veränderungen, so gut er kann. Bei der Arbeit geht er mit System vor, er bleibt dabei immer umsichtig und gewissenhaft, um seine Unternehmungen ohne große Komplikationen voranzubringen. Eine weitere Seite seiner Persönlichkeit ist die Liebe zu allem Schönen. Seine Kleidung ist stets geschmackvoll und seine Einrichtung stilsicher. Wenn er auf Reisen geht, stehen Kunstmuseen sowie historische Stätten auf dem Plan. Aber ebenso liebt er die unverfälschte Natur. Er erfreut sich an jeder Minute an der frischen Luft, egal, ob bei einem schönen Spaziergang oder bei der Arbeit im eigenen Garten. Er ist ohnehin ein großer

Genießer, auch bei gutem Essen und behaglicher Ruhe. Stiere haben einen ausgeprägten Familiensinn. Dabei kommt es ihnen in erster Linie darauf an, sich und ihre Lieben dauerhaft gut versorgt zu wissen.

Der Achat

Er hat sehr verschiedene Erscheinungsformen sowie Signaturen, von denen seine spezifischen Heilkräfte abzulesen sind. Generell ist der Achat ein guter Schutzstein, der ähnlich wie der Stier Geborgenheit und Wohlbefinden vermittelt. Er schenkt seinem Träger Vertrauen in die eigenen Fähigkeiten. So zerstreut er Selbstzweifel und macht emotional unabhängig. Auch der Stier kann verschiedene »Signaturen« aufweisen, je nachdem, wie er sich entwickeln konnte. Beispielsweise braucht der eine Stier mehr Schutz, also einen Achat mit mehrfach ineinandergelegten Ringen, die einer Festung mit schützenden Mauern gleicht, und der nächste braucht einen mit nach innen klarer werdender Struktur als Zeichen für geistige Klarheit und Konzentration. Laut zahlreicher Quellen gilt der Achat als Glücksbringer. Er ist dem Stier ein guter Begleiter im täglichen Leben, er hält ihn lebendig und flexibel, ohne seine Stärken wie Ruhe oder Stabilität zu beeinträchtigen. Körperlich stärkt er sein Immunsystem. ***Verfügbarkeit:*** häufig und in diversen Formen. ***Anwendung:*** ohne Einschränkungen.

Der Baumachat

Nach korrekter Definition ist der Baumachat kein Achat, sondern ein weißer Quarz mit grünen Einschlüssen. Suchte man einen Stein, der am ehesten die Qualitäten eines Bodyguards aufweisen würde, käme in erster Linie der Baumachat infrage. Das Gleiche gilt bei den Sternzeichen für den Stier. Beide verbinden Zuverlässigkeit mit Sicherheit und vergegenwärtigen Kraft und Stärke. Sie ermöglichen es, sich Herausforderungen zu stellen, bei denen man sich ohne sie oft hilflos fühlt. Mit innerer Ruhe und Gelassenheit, gepaart mit Standfestigkeit und Loyalität bauen sie einen Schutzkreis auf, der angsteinflößenden Situationen die Schärfe nimmt. Der Stier tut also gut daran, einen Baumachat bei sich zu tragen, der ihn jederzeit in seine Mitte zurückführen kann und ihn daran erinnert, wo seine Stärken liegen. Auf der körperlichen Ebene unterstützt der Stein sein Immunsystem, mindert die Neigung zu Infektanfälligkeit und stärkt die Vitalität des gesamten Organismus. ***Verfügbarkeit:*** häufig als Trommelsteine, geschliffene Anhänger, Ketten und Armbänder. ***Anwendung:*** bei sich tragen oder als Wasserstein nutzen.

Der Smaragd

Seine zumeist vielfältigen Einschlüsse werden beim Smaragd als »Jardin« (franz. »Garten«) bezeichnet. Seine Wirkungsweise ist ebenfalls wie ein Aufenthalt in prächtiger Natur: Er lenkt die Aufmerksamkeit auf die Größe und Schönheit der Welt, wirkt inspirierend, verleiht innere Weite und geistige Größe. Für den naturliebenden Stier ein idealer Stein. Er erinnert ihn an seine Verbindung zu Ästhetik und Harmonie und klärt seinen Blick auf das, was ihn umgibt. Mit ihm kann er die Zusammenhänge des Lebens im Großen wie im Kleinen erkennen und die Entstehung seiner Muster nachvollziehen. Somit hilft der Smaragd vor allem jenen Stier-Geborenen, die sich mit ihrem Ordnungs- und Sicherheitsdenken festgefahren haben. Er öffnet ihre Sicht auf neue Möglichkeiten. Auch auf körperlicher Ebene ist der Smaragd für den Stier von großem Nutzen: Er hält seine oberen Atemwege sowie die Nebenhöhlen bei guter Gesundheit, schwemmt Säure aus den Zellen und hemmt die Entzündungsanfälligkeit. ***Verfügbarkeit:*** kleine Stücke als Trommelsteine, gute Qualität in Schmuckform. ***Anwendung:*** als Schmuck tragen oder als Wasserstein nutzen.

Der Chrysokoll

Im »Medizinrad« wird dem Stier (indianisch: Biber) der Chrysokoll als mineralischer Begleiter zugeschrieben. Wer je eine Chrysokoll-Kugel betrachtete, wird unwillkürlich an einen erdähnlichen Planeten erinnert worden sein mit Erdteilen, Meeren, Inseln, Flüssen und Seen. Trotz seiner kühlen Farbtöne und seines glasähnlichen Glanzes strahlt er eine gewisse Erdverbundenheit aus, eine Ruhe und Mystik, die einzigartig ist. Die indianischen Völker sahen in ihm einen Vermittler zwischen Himmel und Erde, der seinem Träger gestattete, beide Kräfte in sich zu vereinigen. Sie erkannten in ihm einen guten Heiler mit der Fähigkeit, Körper, Herz und Geist zu reinigen. Auch der Stier, der sich in seinem inneren Gleichgewicht befindet, kann sich reinigend auf sein Umfeld auswirken. Wird er jedoch einmal aus seiner Mitte gerissen, fällt es ihm schwer, die Selbstbeherrschung zu behalten. In einer solchen Situation sollten jene, die diesen Zustand ausgelöst haben, besser in Deckung gehen oder ihm einen Chrysokoll in die Hand drücken. Dieser Stein ist in der Lage, dem »wilden« Stier wieder die nötige Coolness zu verleihen. ***Verfügbarkeit:*** als Trommel- und Schmuckstein. ***Anwendung:*** bei sich tragen oder in der Meditation verwenden. Kein Wasserstein!

Die Stier-Frau in der Liebe

Bei ihr zeigt sich der Einfluss der Venus. Ihre erotische Anziehungskraft unterstreicht sie noch mit ihrem aparten Outfit und ihrer geradlinigen Art. Viele Männer fühlen sich durch ihre ausgesendeten Signale berufen, doch sie wählt umso penibler aus, je näher der Mann ihr kommen möchte. Für sie muss alles stimmen; sein finanzieller und gesellschaftlicher Status, die Intelligenz, das Aussehen und nicht zuletzt seine Tauglichkeit als Vater ihrer Kinder. Ihre Erotik und ihr Sinn für Schönes prägen die Partnerschaft mit ihr ebenso wie Sicherheit, Fürsorge und geordnete Verhältnisse. Sie ist treu und liebevoll, doch sie kann auch einengend sein und zur Eifersucht neigen. Passender Stein: Smaragd.

Der Stier-Mann in der Liebe

Er gehört nicht zu den Männern, die sich allzu leicht umgarnen oder bezirzen lassen, denn er weiß, dass es nur ein Spiel ist. Er wählt lieber nach seinen eigenen Kriterien. Wenn er eine Frau entdeckt, die seinen Maßstäben entspricht, wird er sie mit Beharrlichkeit erobern, wobei ihm seine männlich-erotische Präsenz sehr hilfreich ist. Er wird dabei nichts überstürzen und die Folgen seines Tuns immer im Auge behalten. In der Partnerschaft ist er treu und darauf bedacht, dass es allen gut geht, denn die Familie liegt ihm sehr am Herzen. Seine Angst vor

Verlust lässt ihn manchmal besitzergreifend und eifersüchtig werden. Doch er zeigt einer Frau, dass sie wundervoll ist, so, wie sie ist. Passender Stein: Achat.

Das Keltische Horoskop

Bäume im Zeichen des Stiers

21. April bis 30. April
Nussbaum – »Die Leidenschaft«

Der Nussbaum lebt im Zeichen des Stiers seine Leidenschaft vorrangig über die Erschaffung einer sicheren Existenz aus. Dem kommt er nach mit Ehrgeiz und Fleiß. Er mag das Schöne, denn er ist eine Seelen-Natur mit ausgeprägtem Gefühlsleben, das er durch Beständigkeit zu schützen versucht. Das macht ihn zuweilen unflexibel. Bevorzugter Stein: Chrysokoll.

1. Mai bis 14.Mai
Pappel – »Die Ungewissheit«

Das schnelle Wachstum der Pappel erfährt im Zeichen des Stiers eine leichte Drosselung, die ihrem inneren Kern mehr Festigkeit verleiht. Sie baut mit praktischem Denken und Zielstrebigkeit auf sicherem Grund, auch wenn sie das aufgrund ihrer Sensibilität nicht so empfindet. Bevorzugte Steine: Achat/Smaragd.

15. Mai bis 24. Mai
Kastanie – »Die Redlichkeit«

Die Kastanie widmet ihre Kraft und ihr Engagement gerne dem Gemeinwohl. Sie ist in der Lage, sich in den unterschiedlichsten Lebenssituationen zurechtzufinden, ohne sich selbst in den Vordergrund zu schieben. Sie ist interessiert an dem, was um sie herum passiert und hat ein ausgesprochenes Gerechtigkeitsempfinden. Das macht sie zum geborenen Diplomaten. Bevorzugter Stein: Baumachat.

Der gesellige Zwilling

Geburtstag: 21. Mai bis 21. Juni
Herrschender Planet: Merkur
Element: Luft
Qualität: veränderlich
Typus: der vielseitige Mensch

Kommt man in eine neue Gruppe von Menschen, könnte die erste Person, von der man mit offenem Blick und strahlendem Lächeln begrüßt wird, ein Zwilling sein. Er ist von Natur aus neugierig, mitteilsam und fast immer gut gelaunt. Sein Geist ist wach und sein Wissensdurst beinahe unerschöpflich. Am liebsten möchte er die ganze Welt mit ihren kausalen Zusammenhängen verstehen und seine Erkenntnisse mit anderen teilen. Ohnehin sind Zwillinge sehr mitfühlende Menschen, denen das Wohl ihrer zahlreichen Lieben am Herzen liegt. Solange ihr Gegenüber seine Sorgen nicht allzu oft monoton wiederholt, sind sie gute Zuhörer, die stets eine überraschende Lösung parat haben. Zwillinge sind gerne körperlich wie geistig in Bewegung, und sie haben ein Gespür für alles Schöne. Sie halten sich gerne in der Natur auf, vor allem an exponierten Orten, von denen aus sie alles überblicken und ihr Geist wie ein Vogel zu fernen Horizonten fliegen kann. Enge vertragen sie nicht, weder räumliche noch geistige. Wird der empfindsame Zwilling zu fest in Reglements eingeschnürt, kann er mit sehr wechselhaften Launen reagieren. Er befindet sich im Lot, wenn er vielseitig und auch ein wenig unbeständig bleiben kann.

Calcit (weiß, gelb und orange)

Ein so vielseitiger Mensch wie der Zwilling sollte immer einen Calcit in seiner Nähe haben. Dieser Stein fördert jederzeit geistige und körperliche Flexibilität, Geistesgegenwart und klares Denken. Er regt die Calciumversorgung im Körper an und unterstützt damit das Immunsystem und die tragenden Elemente im Körper. Damit kann der Zwilling die Konstitution von Physis und Psyche auf hohem Level halten. Der weiße Calcit steht im Besonderen für neutrale Vorurteilslosigkeit, während der gelbe für Offenheit, Selbstsicherheit und Planungsfreude einsetzbar ist. Die orangefarbene Variante erinnert den Zwilling an Lebensfreude und Selbstwertgefühl. So gelangt er mit dem Stein immer wieder sanft, aber bestimmt in seine eigene Kraft zurück. Vor allem die körperlich ruhelosen Vertreter dieses Zeichens, die beruflich und privat permanent auf Achse sind und im Urlaub in ferne Länder reisen, profitieren vom Calcit. Mit der Standhaftigkeit, die er vermittelt, kann der Zwilling all die neuen Erlebnisse und Erfahrungen, die sich ihm dabei bieten, richtig verarbeiten. Seine geistige Präsenz und sein Immunsystem bleiben stabil. ***Verfügbarkeit:*** häufig als gebohrter Stein, Rohstein und Handschmeichler. Wegen seiner Mineralstruktur wird er nur selten in Edelmetall gefasst. ***Anwendung:*** sehr effizient als Wasserstein.

Blauer Chalcedon

Bekannt ist der Chalcedon als Wegbereiter zu einer besseren Kommunikation. Er steht für Leichtigkeit im Umgang mit Menschen und Sprache, stellt also die Verbindung zwischen Kontaktfreudigkeit und Verständigung her. Mit ihm fällt es leicht, offen zu bleiben, sich klar und deutlich auszudrücken und immer die richtigen Worte zu finden. Er schenkt Souveränität und jene Gelassenheit, die auch die Vernunft zu Wort kommen lässt. Körperlich löst er Anspannungen und schützt Hals und Atemwege vor Überlastung. Der Zwilling kann viele Parallelen zwischen sich und seinem Stein ziehen. Auch er steht für Kommunikation und Sprache.

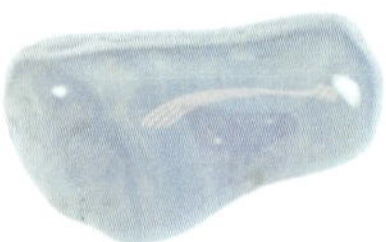

Nicht selten sind Zwillinge in Berufen wiederzufinden, in denen es viel um Sprache geht, beispielsweise als Vermittler für den

Kontakt, den andere zueinander finden. Das erfordert Beziehungsfähigkeit, Verständnis und Freude daran, am Leben teilzunehmen. Um in dieser Kraft zu bleiben und weiterhin die nötige Ausgeglichenheit und Selbstsicherheit beizubehalten, trägt er am besten einen Chalcedon bei sich, vorzugsweise als Anhänger oder Kette am Hals. Das lindert auch Halsschmerzen und Heiserkeit. ***Verfügbarkeit:*** in verschiedenen Formen erhältlich. ***Anwendung:*** ohne Einschränkung einsetzbar.

Prehnit

Es gibt Zeiten, in denen der Zwilling etwas mehr innere Stütze braucht als sonst. Der Prehnit hilft dabei, seinen ungewollten Stimmungen und Empfindungen auf den Grund zu gehen und ihre Auslöser an die Oberfläche zu bringen, wo er sie analysieren und verarbeiten kann. Auch unbewusste Verdrängungs- oder Vermeidungsmechanismen werden damit aufgelöst. Mit diesem Unterbau fördert der Prehnit die Anerkennung und den Respekt vor sich selbst, schenkt gute Laune und neue Unternehmungslust. Ebenso öffnet er den Blick für Stilsicherheit und Ästhetik. Immer dann, wenn der Zwilling sich allzu oft als Spielball seiner eigenen Stimmungen empfindet, wird ihm der Prehnit gute Dienste leisten, denn von Menschen lässt er sich bekanntlich nicht so gerne in sein Inneres blicken. Dem Prehnit gelingt das, weil er selbst wie das Sternzeichen ist: vielseitig und ständig dabei, Neuerungen zu schaffen. Das Seelenleben des Zwillings kann dadurch nachhaltig Klärung finden, wodurch sich eine wohltuende Ausgeglichenheit einstellen kann. ***Verfügbarkeit:*** verschiedene Qualitäten in Schmuckform und als Trommelstein. ***Anwendung:*** mit Hautkontakt am Körper tragen.

Moosachat

Im indianischen Horoskop wird der Zwilling als Hirsch dargestellt und sein Mineral ist der Moosachat. Schon das äußere Erscheinungsbild dieses Steins weist auf seine Verbundenheit mit der Pflanzenwelt hin, obwohl es sich bei den Einschlüssen nicht um Moos sondern um Ansammlungen bestimmter Metalloxide handelt. Er hilft gegen Ängste und befreit das Denken. Er macht den Weg frei für Inspiration, Ideenfülle und liefert die nötige Tatkraft für deren Umsetzung. Die praktische sowie die soziale Seite des Zwillings werden mit dem Moosachat gestärkt. Ebenso befreiend und kräftigend wirkt er im körperlichen Bereich auf die oberen Atemwege. Zwilling-Geborene haben wie ihr Stein die Fähigkeit, ihre Mitmenschen zu inspirieren

und ihnen aus geistigen Ketten herauszuhelfen. Mit ihrer Leichtigkeit und ihrem Sinn fürs Schöne können sie andere mitreißen. Die Voraussetzung dafür ist, dass sie sich selbst in einem ausgeglichenen Zustand befinden. Den erreichen sie spielend, wenn sie gewillt sind, an sich zu arbeiten und sich dabei vom Moosachat unterstützen zu lassen. ***Verfügbarkeit:*** häufig und in verschiedenen Formen. ***Anwendung:*** vorzugsweise mit Hautkontakt tragen oder als Edelstein-Essenz.

Die Zwillinge-Frau in der Liebe

Wer eine Zwillinge-Frau erobern möchte, sollte beim Flirt ihren Intellekt und ihre Redefreude miteinbeziehen. Zudem reagiert sie besonders positiv auf Schmeicheleien, sofern sie takt- und niveauvoll platziert werden. Mit ihr wird es »ihm« nie langweilig, denn sie kann jeden Tag, ja manchmal jeden Moment eine Andere sein. Sie ist warmherzig und mitfühlend, wird aber dennoch oft als emotional unterkühlt gesehen, weil ihre Anteilnahme zumeist nicht lange anhält. In jungen Jahren zeigt sich ihr Drang nach ständig Neuem auch in der Partnerwahl. Hat sie jedoch den Richtigen gefunden, wird sie ihm eine aufmerksame und liebende Partnerin sein. Passender Stein: Prehnit.

Der Zwillinge-Mann in der Liebe

Er ist intelligent, redegewandt und ruhelos. Sehr ungerne hält er sich an einengende Regeln, schon gar nicht, wenn er sie auf lange Zeit einhalten muss. Durch seine vielfältigen Aktivitäten bewegt er sich auf jedem Parkett souverän. Er liebt geistige Herausforderungen und hat häufig neue Ideen, die er anderen auch wunderbar verständlich machen kann. Er hat einen guten Geschmack, aber allzu viel Harmonie befremdet ihn. Das alles gilt für ihn auch in der Liebe. Die richtige Frau für den Zwillinge-Mann sollte daher stilsicher sein, selbst Freude an Veränderungen haben und vor allem ein starkes Selbstbewusstsein besitzen. Passender Stein: Moosachat.

Das keltische Horoskop

Bäume im Zeichen des Zwillings

25. Mai bis 3. Juni
Esche – »Der Ehrgeiz«

Die Esche ist von lebhaftem Charakter, intelligent und vielseitig begabt. Ihr sind Freiheit und Selbstständigkeit auf allen Ebenen des Seins elementar wichtig, auch bei den Menschen um sie herum. Sie ist der geborene Entdecker und braucht stetige Weiterentwicklung. Passender Stein: Chalcedon.

4. Juni bis 13. Juni
Hainbuche – »Der gute Geschmack«

Von der Hainbuche wird die typische Unstetigkeit des Zwillings etwas gemildert, da dieser Baum Realismus, Pflichtbewusstsein und Zuverlässigkeit vermittelt. Die Hainbuche strahlt eine kühle Schönheit aus, und sie achtet auf ihr Äußeres, da sie Bewunderung braucht. Durch ihr häufiges Misstrauen ist sie manchmal schlecht gelaunt, aber unterkriegen lässt sie sich nicht. Passender Stein: Calcit.

14. Juni bis 23. Juni
Feigenbaum – »Die Empfindsamkeit«

Er liebt das Leben und viele Freunde. Sein unkonventionelles Denken und sein sensibles Gespür für alles Kreative im Leben verleihen ihm das Wesen eines Künstlers, er bleibt aber dennoch bodenständig. Seine Empfindsamkeit bringt ihn in schwebende Höhen, aber auch in unberechenbare Tiefen. Passender Stein: Moosachat.

Der herzliche Krebs

Geburtstag: 22. Juni bis 22. Juli
Herrschender Planet: Mond
Element: Wasser
Qualität: kardinal
Typus: der Romantiker und Gemütsmensch

Die Jahreszeit, in die er geboren ist, gibt ihm diese menschliche Wärme, die er ausstrahlt. Er ist mitfühlend und hilfsbereit, ob zu Hause, im Beruf oder im zumeist großen Freundeskreis. Nicht selten finden sich Krebse in helfenden Berufen wieder, in denen sie ihrem großen Herzen das angemessene Betätigungsfeld geben können. Bei so viel Gefühl könnte man glauben, es wäre ein Leichtes, sich dem Krebs emotional zu nähern, doch das täuscht. Nur allzu gerne versteckt er sich hinter seinem dicken Panzer und lässt niemanden in sein Innerstes schauen, aus purer Angst vor Verletzungen. Ob es sich nun um Menschen handelt, um Dinge oder Lebensmuster – der Krebs wird selten oder nur langsam Unbekanntes in seine Seelenwelt einladen. Lieber wartet er darauf, dass das Neue mit Behutsamkeit und Ausdauer seinen Panzer knackt. Ist das erst einmal geschehen, kann der Krebs eine wirklich tiefe und große Liebe für dieses »Neue« entwickeln. Dann hält er es mit seinen starken Zangen fest und lässt es nur ungern wieder los. Auch dieser Wesenszug hat mit der Sommersonne zu tun: Ist der Krebs einmal für jemanden oder etwas entflammt, geht diese Wärme tief und hält lange an. Der Herrscher am Himmel des Krebses ist der Mond. Von ihm hat er seine Intuition, seine reiche Fantasie und sein kreatives Schaffen. Ein glücklicher Krebs ist immer an seiner fantasievoll eingerichteten Wohnung, an seinen vielen Hobbys und seinem allgemeinen Feingefühl für Details zu erkennen. All das gibt dem Krebs ähnlich dem Mond ein besonderes Leuchten.

Aventurin

Für den großherzigen Krebs ist der Aventurin ein hervorragender Heilstein. Er ist gut sowohl bei physischen als auch bei psychischen Herzthemen. Er vermittelt Geborgenheit und hilft, Sorgen und zu viele Gedanken loszulassen. Daher gilt er auch als gute Einschlaf-Hilfe. Krebs-Geborene neigen dazu, mehr für andere da zu sein, als für sich selbst. Sie können tief verletzt werden durch Menschen, die das für sich nur ausnutzen. Indem der Aventurin sie neu mit ihrem Herzen verbindet, können sie überall ein Gefühl des Zu-Hause-Seins entwickeln und ihr Selbstvertrauen stärken. Der Aventurin ist von sanfter und freundlicher Natur und dennoch in der Lage, die eigene Individualität und die dafür nötige Selbstbestimmung zu fördern. Von selbst verursachtem innerem Druck befreit, kann der Krebs mithilfe seines Steins die eigenen Träume verwirklichen und sich mit Begeisterung und Lebensmut an die dafür wichtigen Unternehmungen wagen. Der Krebs sollte auch auf sein physisches Herz achten. Auf körperlicher Ebene hält der Aventurin die Gefäßwände gesund und beugt Arteriosklerose und Herzinfarkt vor. Außerdem hilft er bei Hautproblemen verschiedener Art. ***Verfügbarkeit:*** häufig und vielseitig. ***Anwendung:*** über längere Zeit bei sich tragen.

Peridot

Der Peridot ist ein guter Helfer für den Krebs, der in seine Mitte kommen und diese dauerhaft halten will. Schon Hildegard von Bingen sprach im Zusammenhang mit dem Peridot von der Reinigung des Herzens. Seine Farbe wie auch seine Eigenschaften sind vergleichbar mit denen des Frühlings: Er steht für Neuanfänge im Leben, gute Laune und Unternehmungslust. Trägheit und Kummer verschwinden und werden ersetzt durch die Lust auf Neues. Vor allem jene Vertre-

ter des Sternzeichens, die in sozialen Berufen arbeiten oder auch sonst helfend im Einsatz sind, profitieren von seiner Kraft. Mit ihm bleibt der Krebs selbstbestimmt und emotional klar. Er kann seine Erlebnisse besser verarbeiten und sich bei guter Gesundheit halten. Der Peridot erfrischt seine Seele und schenkt ihm Freude an neuen Dingen. Körperlich regt er seinen Stoffwechsel an, stärkt Leber und Galle und hilft somit bei der Entgiftung und Reinigung aller Zellen. Zudem schützt er vor körperlichen wie seelischen Schmarotzern, wodurch er auch die Heilung von Infektionen begünstigt. ***Verfügbarkeit:*** in kleinen Kristallen und in Schmuck gefasst erhältlich. ***Anwendung:*** bei sich tragen oder als Wasserstein nutzen.

Rosa Turmalin

Bei Heilsteinexperten gilt der rosafarbene Turmalin als Träger des rosa Strahls, der unter anderem das Gefühl für die universelle Liebe fördert. Er öffnet das Herz für die Verbundenheit mit sich selbst, mit dem Leben und mit den Mitmenschen, was ihn zu einem ausgezeichneten Freundschaftsstein macht. Er intensiviert das Glücksempfinden, wodurch innere Freiheit spürbar wird, regt dazu an, persönliche Ziele zu definieren und liefert die Ideen, diese auch wahr werden zu lassen. Er erfüllt seinen Träger mit Kontaktfreude, Willensstärke und Dynamik, macht charmant und belebt die Freude an Sexualität. Der Krebs kann von seinem Stein erfahren, wie wunderbar es ist, ein so gefühlvolles Wesen zu sein. Mit dem rosa Turmalin wird er nicht nur die oben beschriebenen Eigenschaften intensiver erleben können, sondern auch gleichzeitig Heilung und einen guten Schutz vor seelischen Übergriffen oder Verletzungen spüren. Deshalb kann er sich freier fühlen und seinen emotionalen Panzer häufiger öffnen. Längere Zeit getragen, lässt der rosa Turmalin Ängste verblassen und schenkt innere Freude. ***Verfügbarkeit:*** in guter Qualität nur in Schmuckform. ***Anwendung:*** am Körper tragen.

Karneol

Das indianische Horoskop beschreibt den Krebs als Specht und ordnet ihm den Karneol als Heilstein zu. Ebenso wie in unserem Horoskop gilt der Krebs im Medizinrad als herzlicher und sehr liebevoller Zeitgenosse, dem es manchmal schwerfällt, des Überschwangs an Gefühlen Herr zu werden. Er möchte am liebsten die ganze Welt mit seiner Liebe überschütten und alles umarmen, was ihm Freude bereitet. Das braucht viel Kraft und auch einen Schutz, der von innen nach außen wirkt. Der Karneol ist der perfekte Stein

dafür. Er hilft bei der zwanglosen Verständigung mit anderen Menschen ebenso wie beim Aufbau des körperlichen und geistigen Antriebs. Er sorgt für Lebensmut, Idealismus und gute Laune. Dadurch trägt er dazu bei, dem Krebs Ideen, Standpunkte und Herzenswünsche deutlich zu machen und diese auch zu verfolgen. Gerade Krebs-Geborene, für die das künstlerisch-kreative Schaffen besonders wichtig ist, sollten zum Karneol greifen. Ferner beschreibt das indianische Horoskop den Karneol als Stein, der Herz und Blut bei guter Gesundheit hält. Er kurbelt den Stoffwechsel an, verbessert die Nährstoffaufnahme und versorgt alle Zellen des Körpers mit neuer Energie. ***Verfügbarkeit:*** häufig. ***Anwendung:*** tagsüber bei sich tragen oder als Wasserstein nutzen.

Die Krebs-Frau in der Liebe

Zwischen Liebe und Lust kann die Krebs-Frau nur schwer unterscheiden, da ihre Gefühle auch bei der Lust eine wichtige Rolle spielen. Sie braucht bei der körperlichen Nähe auch immer die emotionale. Sie möchte sich geborgen fühlen, egal, ob die Beziehung schon länger besteht oder nicht. Sie steht gut auf eigenen Füßen, hat ein Händchen für die richtigen Freunde und auch für den richtigen Mann. Der ideale Partner nimmt Rücksicht auf ihre Gefühlswelt, lässt ihr Raum, ohne sie zu vernachlässigen, und ist ihr Stütze, ohne sie in eine fremde Schablone zu pressen. Hat er sich damit ihr volles Vertrauen verdient, ist sie ihm eine tief fühlende Geliebte und aufmerksame Gefährtin zugleich. Passender Stein: rosa Turmalin.

Der Krebs-Mann in der Liebe

Er ist ein Idealist mit einem breiten Stimmungsbarometer. Manchmal empfindsam und sentimental, manchmal traurig oder gar zornig. Die starken Gefühle, mit denen er es als Mann oft schwerer hat als eine Frau, können ihn zuweilen verunsichern, bringen ihn aber auch dazu, Fähigkeiten zu entwickeln, die ihm im Leben gut weiterhelfen. Sein Gespür für die richtigen Menschen, Momente und auch für Geld ist beeindruckend, und kaum ein anderes Zeichen hat einen so warmherzigen Charme. Bei der Frau fürs Leben ist er sehr anspruchsvoll, doch er hat auch viel zu geben. Er ist seiner Partnerin stets ein sanfter und aufmerksamer Liebhaber, der mit ganzem Herzen bei ihr ist. Passender Stein: Karneol.

Das Keltische Horoskop

Bäume im Zeichen des Krebses

24. Juni
Birke – »Das Schöpferische«

Sie findet immer das rechte Maß, sei es bei der Kleidung, bei der Konversation oder beim Umgang mit dem Leben selbst. Sie ist intelligent, hat ein heiteres Gemüt und eine enorme Vorstellungskraft. Bevorzugter Stein: Karneol.

25. Juni bis 4. Juli
Apfelbaum – »Die Liebe«

Anmut und Charme wird ihm ebenso zugesprochen wie Uneigennützigkeit und Großherzigkeit. Er ist mit seiner Liebesfähigkeit, die gepaart ist mit Gedankenvielfalt und Kreativität, für viele ein Leuchten im Dunkeln. Krebse im Zeichen des Apfelbaums sollten achtgeben, dass sie nicht ausgenutzt werden. Bevorzugter Stein: Peridot.

5. Juli bis 14. Juli

Tanne – »Das Geheimnisvolle«

Die Tanne im Zeichen des Krebses zeigt sich aufrecht und dennoch geheimnisvoll zurückhaltend, doch dies tut sie, um ihren sensiblen Kern zu schützen. Sie liebt das Schöne und hat einen guten Geschmack, wobei sie nicht verschwenderisch ist. Sie ist begabt und fleißig, und ihre Lebensgemeinschaft ist ihr sehr wichtig. Bevorzugte Steine: Rosa Turmalin und Aventurin.

15. Juli bis 25. Juli

Ulme – »Die gute Gesinnung«

In alten Baumhoroskopen wird sie auch »Der Altruist« genannt, weil sie in der Regel zuerst an die anderen denkt. Sie sollte sich vor Ausnutzung schützen und sich nicht abdrängen lassen. Sie ist von Natur aus heiter, genießt Vertrauen und gilt mit zunehmendem Alter als weise. Bevorzugter Stein: Karneol.

Der erfolgssichere Löwe

Geburtstag: 23. Juli bis 23. August
Herrschender Planet: Sonne
Element: Feuer
Qualität: fix
Typus: der Optimist

Menschen, die im Zeichen des Löwen geboren sind, haben wie er etwas Königliches an sich. Ein Selbstvertrauen, das gepaart ist mit einer Extraportion an Würde und physischer Präsenz, hebt sie aus jeder Personengruppe hervor. Löwe-Geborene haben den Mut und die Kraft, die einem natürlich vorhandenen Optimismus entspringen. Dieser lässt sie neue Wege beschreiten und Dinge tun, vor denen andere zurückschrecken. Es macht sie zu Wegbereitern, egal, ob in der wilden Natur, in der Arbeitswelt oder im privaten Bereich. Der Löwe ist ein Mensch des Willens und der Größe. Er möchte sich nicht mit Kleinigkeiten zufriedengeben und wird ohne langes Zaudern alles dafür tun, um aus dem Vollen schöpfen zu können. Er ist stolz darauf, alles aus eigener Kraft heraus zu schaffen und legt beim Umsetzen seiner Ziele eine schier unerschöpfliche Energie an den Tag. Dabei kann es passieren, dass er seinen Mitmenschen und sich selbst zu viel abverlangt. Geäußerte Bedenken oder gar Tadel überhört er, bis sie massiver werden. Dann empfindet er sie als Bedrohung, gegen die er laut und heftig kämpfen muss. Doch wenn er im Einklang mit sich und der Welt ist, verteilt er Wärme und Herzlichkeit ebenso großmütig, wie Komplimente und materielle Geschenke.

Citrin

Die Eigenschaften des Citrins entsprechen in vielen Punkten jenen des Sternzeichens Löwe. An erster Stelle wäre die sonnige Wärme zu nennen, die er ausstrahlt. Damit lindert er Ängste sowie Depressionen und belebt die Sinne mit neuer Energie. Er verleiht Mut und Freude am Leben. Der Löwe, der in seiner eigenen Mitte steht, ist ebenso wie der Citrin in der Lage, seinen Lebensmut auf seine Mitmenschen abzustrahlen und sie damit zu erwärmen. Die Sonne, der herrschende Himmelskörper des Löwen lässt ihre Kraft durch den Citrin fließen, darum wirkt er besonders intensiv im Bereich des Solarplexus. Er löst Blockaden aus diesem wichtigen Energiezentrum, sodass die Kraft wieder ungehindert hindurchfließen kann. Befindet sich der Löwe in Disharmonie, lindert der Citrin Anspannung, Unsicherheit und Gefühlskälte. Sogar

bei Wutanfällen, die wahrscheinlich jeder Löwe kennt, kann der Stein hilfreich sein. Auf körperlicher Ebene bringt er die oberen Bauchorgane ins Lot und vermindert Krankheitssymptome. ***Verfügbarkeit:*** als gebrannter Citrin häufig, Naturcitrin seltener. ***Anwendung:*** auf Solarplexus auflegen oder als Schmuck tragen.

Rubin

Ein wahrhaft königlicher Stein – und deshalb sehr beliebt beim Löwen – ist der Rubin. Bekannt als der wichtigste und wertvollste Stein nach dem Diamant, ziert er die berühmtesten und teuersten Schmuckstücke der Welt. Er ist enorm hart und findet aus diesem Grund auch in der modernen Technik (Medizin) seine Anwendung. Als Heilstein verfügt er über ein sehr hohes Maß an Energie, die schon bei kleineren Steinen deutlich spürbar ist. Er fördert Leistungsfähigkeit und Vitalität durch die Stärkung des Kreislaufs sowie wichtiger körperlicher Systeme. Trägt der Löwe den Rubin in der Nähe des Herzens, verleiht dieser ihm eine natürliche, entspannte Alpha-Haltung: Er zeigt ihm auf, was für ihn wichtig ist, und gibt ihm die Kraft, aber auch den nötigen Takt, es einzufordern. Der Rubin macht ihn nicht nur unabhängig von sinnlosen Zwängen, sondern fördert auch seine Leidenschaft,

Tapferkeit und innere Größe. Darüber hinaus vertieft er das Gefühl der Unabhängigkeit, das dem typischen Löwen guttut. Denn es lässt ihm Raum, die richtigen Ziele zu erkennen und die Initiative, sie umzusetzen. ***Verfügbarkeit:*** kleine Rohstücke oder schöne Qualität in Schmuckform. ***Anwendung:*** am Körper tragen; für die Stärkung der Geschlechtsorgane am Schambein auflegen.

Tigerauge

Für jene Löwe-Geborene, die ihre überbordende Energie gerne in mehrere Objekte gleichzeitig geben, jedoch bei keinem mit der nötigen Aufmerksamkeit bleiben, ist das Tigerauge der richtige Stein. Eine Großkatze fasst ihr »Ziel« zunächst ins Auge und wägt unbewusst ihre Chancen in Raum und Zeit ab, bevor sie zum »Angriff« übergeht. Im übertragenen Sinne lädt das Tigerauge zu dieser Art des Handelns ein. Dem Löwen fällt es leichter, die eigenen Kräfte zu sammeln und in gewinnbringende Bahnen zu lenken. Er kann sich besser konzentrieren und seine Aufgaben in aller Ruhe von Anfang bis zum Ende durchführen. Der Stein schult seinen Ordnungssinn, wodurch realistisches Planen effektiver wird und eventuelle Fehlerquellen geringer werden. Chancen und Möglich-

keiten, die ein Objekt bietet, kann der Löwe so besser erkennen und nutzen. Eigene Gefühle wie Unruhe und Stimmungsschwankungen wird er mit innerem Abstand betrachten. Deshalb eignet sich das Tigerauge auch hervorragend für jene Löwen, die sich gerade in Prüfungssituationen befinden. Verfügbarkeit: häufig, verschiedene Formen. Anwendung: als Schmuck, Handschmeichler oder Wasserstein.

Granat

Das indianische Totem des Löwen ist der Lachs (laut mancher Quellen auch Stör), das zugeordnete Mineral ist der rote Granat. Ihm schreibt man Eigenschaften zu, die denen des Löwen sehr ähnlich sind: Widerstandskraft, Leistungsfähigkeit, Vitalität und Aktivität sind nur einige Beispiele. Er sorgt also dafür, dass der Löwe zu jeder Zeit in seine Mitte zurückfindet. Er stärkt seine Ausdauer und vermittelt jene Kraft, die nötig ist, um alle Herausforderungen beherzt anzugehen und selbst in schwierigen Lebenslagen durchzuhalten. Er hilft ihm dabei, alles zu verstehen, gibt ihm Ideen für neue Lebensumstände und weckt seine Lust daran, sie wahr werden zu lassen. Er stellt das Denken und Handeln des Löwen auf realen Boden und gibt ihm dadurch die elementaren Bausteine für

ein solides Grundgerüst. Durch diese vielseitige Unterstützung wird der Löwe mit seinem Stein nicht nur ein gutes Vorbild für andere sein, sondern ihnen auch den nötigen Mut und die Zuversicht weitergeben können, für die sowohl er als auch der Granat so bekannt sind. ***Verfügbarkeit:*** kleine Kristalle, häufig in Schmuck verarbeitet. ***Anwendung:*** als Schmuck tragen oder als Wasserstein nutzen.

Die Löwe-Frau in der Liebe

Ihre stolze Haltung, ihr Outfit, ihr gesamtes Wesen lassen sie aus jeder Menschengruppe hervorstechen, denn sie braucht die Aufmerksamkeit und weiß, wie sie diese bekommt. Sie liebt die Menschen, besonders jene, die ihr nahestehen. Ihnen schenkt sie ihr Herz, ihren Humor und ihre kreative Tatkraft. Sie tut es allerdings nur, weil sie es so will, denn sie ist der Mittelpunkt. Sie ist ungestüm, verführerisch und manchmal unberechenbar. Männer liegen ihr gerne zu Füßen, was sie zwar erwartet, jedoch auch schnell langweilt. Der Richtige sollte einer so starken Persönlichkeit schon gewachsen sein, selbst Größe haben und ihren Jagdinstinkt ab und zu herausfordern. Damit wird er die Löwin immer wieder zum Schnurren bringen. Passende Steine: Rubin, Granat.

Der Löwe-Mann in der Liebe

Der Löwe-Mann betritt nicht den Raum, sondern seine Bühne. Er hat ein unerschütterliches Selbstbewusstsein und strahlt Kraft, Lebenslust und Stolz aus. Er mag keine halben Sachen. Es geht um Sieg oder Niederlage, ganz oder gar nicht. Darum verwundert es nicht, dass er ein Mal richtig arbeitswütig und ein anderes Mal total phlegmatisch ist. Er ist großmütig, erwartet aber auch, dass dies erkannt und honoriert wird. In der Liebe kann er sowohl bevormundend als auch eifersüchtig sein, doch wenn seine Partnerin richtig mit ihm umzugehen weiß, macht er sie zu seiner Königin. Passende Steine: Rubin, Granat.

Das keltische Horoskop

Bäume im Zeichen des Löwen

26. Juli bis 4. August
Zypresse – »Die Treue«

Im Zeichen des Löwen bildet sich die solide und dennoch emporstrebende Art der Zypresse besonders heraus. Sie ist von starkem, manchmal querdenkerischem Charakter, sie braucht die stete Herausforderung und Anerkennung, egal, in welchem Lebensbereich. Die ihr nahestehenden Menschen können sich auf dieses Baumzeichen verlassen, denn sie sind ihm sehr wichtig. Bevorzugter Stein: Granat.

5. August bis 13. August
Pappel – »Die Ungewissheit«

Die Pappel ist ein zielstrebiger praktisch veranlagter Baum, der alles begreifen möchte und dies mit seiner schnellen Auffassungsgabe auch schafft. Gerade im Zeichen des Löwen stellt sich die Pappel gerne Herausforderungen und erfreut sich deshalb oft schneller Erfolge. Dennoch hat sie einen empfindlichen Kern, was sich bemerkbar macht im raschen Wechsel von Pessimismus zu Enthusiasmus. Bevorzugter Stein: Citrin.

14. August bis 23. August
Zürgelbaum – »Die Zuversicht«

Dieser Baum hebt die typischen Merkmale des Löwen deutlich hervor: Selbstsicherheit, Entschlossenheit, immer auf dem Weg zum ganz großen Ziel, egal,

ob im privaten oder beruflichen Leben. Mit Fleiß und vielfältigen Begabungen – auch auf künstlerischem Gebiet – vermag er die Menschen zu beeindrucken, ist aber selbst sehr schwer zufriedenzustellen. Bevorzugter Stein: Tigerauge.

Die geradlinige Jungfrau

Geburtstag: 24. August bis 23. September
Herrschender Planet: Merkur
Element: Erde
Qualität: veränderlich
Typus: der Methodiker

Die Jungfrau geht mit offenen Augen durchs Leben. Sie packt ihre Angelegenheiten mit Realitätssinn und System an und möchte die Welt für sich und ihre Lieben in Ordnung bringen. Es scheint, als wären Jungfrau-Geborene grundsätzlich etwas klüger als andere, was sicher daran liegt, dass sie durch die Struktur, die sie ihrem Leben geben, besser auf vorhandenes Wissen zurückgreifen können, oder auch daran, dass sie eventuelle Schwächen mit ihrem Fleiß ausbügeln. Sie haben außerdem einen gesunden Menschenverstand und ein klares Konzept dafür, was sie vom Leben wollen. Die Jungfrau hat hohe und auch vielfältige Ansprüche, an andere wie an sich selbst. Sie hält ihren Körper mit Sport und guter Ernährung gesund, Kleidung und Wohnungseinrichtung sind hochwertig, und auf dem beruflichen Weg steuert sie das höchste erreichbare Ziel an. Sie ist ehrlich und verlässlich, wünscht sich dies aber auch von ihren Mitmenschen. Eine feine spirituelle Ader verbindet ihre Begabungen zu einem erfolgreichen Ganzen, wenn sie diese nicht hinter einer Mauer aus Pflichtbewusstsein und Zynismus vergräbt. Zu viel Realität und eine zu hohe Anspruchshaltung können die Jungfrau ausbremsen, deshalb sollte sie öfter auf ihre Intuition hören.

Bernstein

Der Bernstein stellt für die klassische Jungfrau eine positive Ergänzung dar. So leicht, wie sich der Stein anfühlt, so leicht kann er ihr das Gemüt gestalten. Er vermittelt Sorglosigkeit, macht fröhlich und kreativ und fördert ein sonniges Wesen, indem er innere Wärme und das Gefühl von Mühelosigkeit freisetzt. Wie Baumharz die Wunden an Bäumen schützt und heilt, ist auch sein versteinerter Nachfolger bei der Jungfrau dazu in der Lage, und das sowohl körperlich als auch psychisch. Er hilft ihr, seelische Verletzungen zu heilen, schenkt ihr Selbstbewusstsein und neue Lebensenergie. Immer dann, wenn sie sich zu sehr in ihr Anspruchsdenken verrannt hat und dabei Gefahr läuft, sich oder anderen Schmerzen zuzufügen, tut der Bernstein gute Dienste. Denn nur wenn sie sich selbst nicht ausbremst, sich getraut, einmal unbeschwert und »leichten

Sinnes« zu sein, wird sie wieder erkennen können, was wichtig ist und was nicht. Auf körperlicher Ebene hilft der Bernstein ihr bei Zahnweh, Atemwegsbeschwerden, Hautentzündungen und leichten Schmerzen im Magen. ***Verfügbarkeit:*** schöne Stücke in Schmuckform. ***Anwendung:*** mit Hautkontakt tragen.

Charoit

Der Charoit ist ein guter Freund der Jungfrau, denn er bringt Ordnung, aber keine Bewegungslosigkeit. Er schafft in Körper, Geist und Psyche zunächst eine Basis aus Ruhe und Stabilität, die unangreifbar für Stress, Druck und Sorgen macht. Darauf entwickeln sich Tatkraft und Entschlossenheit, jene Dinge abzuarbeiten, die sich angehäuft haben. Mit neuer Entscheidungsfreude können nun alle Angelegenheiten nacheinander angepackt und erledigt werden. Der Charoit schützt vor Fremdbestimmung, sorgt für ruhigen Schlaf mit inspirativen Träumen und erhöht die Belastbarkeit. Er zeigt der Jungfrau, wo ihre Stärken liegen. Auch sie hat die nötige Erdung, um den täglichen Anforderungen mit einem klaren System zu begegnen, doch im Gegensatz zu ihrem Stein kann sie vor lauter Arbeit manchmal regelrecht versauern. Da der Charoit eine basische Wirkung auf Körper und Seele hat, wird er die Jungfrau

dabei unterstützen, aus sich selbst und infolgedessen auch aus den Mitmenschen die überschüssige »Säure« herauszuziehen und für Klarheit zu sorgen. Er schützt sie vor Ängsten, löst Krämpfe und hält sie beweglich auf allen Ebenen. ***Verfügbarkeit:*** meistens als gebohrte Schmucksteine oder Trommelsteine erhältlich. ***Anwendung:*** Steinkreis für die geistige Wirkung.

Jaspis (braun und gelb)

Die Jungfrau profitiert vom Jaspis vor allem in Bezug auf das innere Kräfteverhältnis. Alle Jaspis-Arten haben einen erdenden Effekt. Sie helfen, in der Realität zu leben und unterstützen das Immunsystem. Der braune und der gelbe Jaspis stehen zusätzlich für Ausgeglichenheit und Ruhe sowie für Sammlung und Ausdauer. Sie schenken Willenskraft, starke Nerven und eine auf das Machbare ausgerichtete Kreativität. Der Stein hilft der Jungfrau, die Balance zwischen Anspannung und Entspannung, zwischen Arbeit und Ruhe zu halten. Mit ihm kann sie besonnen die eigenen Kräfte einteilen und alle Ressourcen auffüllen. Das ermöglicht ihr auch, negative Erfahrungen besser zu verarbeiten und somit die körperliche und seelische Stabilität wiederherzustellen. Das Bestreben nach Weiterkommen in Alltag und Beruf ist der Jungfrau sehr wichtig. Doch sollte

sie immer daran denken, sich zunächst die elementaren Grundbedürfnisse zu erfüllen, die ihr Körper und ihre Seele brauchen. Neben der nötigen Ruhe wirkt der Jaspis positiv auf den gesamten Verdauungstrakt und verbessert das Hautbild. ***Verfügbarkeit:*** häufig und in allen Größen. ***Anwendung:*** mit Hautkontakt tragen.

Amethyst

Das Tier-Totem der Jungfrau im indianischen Horoskop ist der Braunbär, und das zugeordnete Mineral ist der Amethyst. Seine Farbe steht für Transformation, das bedeutet in seinem Fall die Wandlung störender oder negativer Energien auf der körperlichen wie auf der seelischen Ebene. Eine solche Wandlung kann auch die Jungfrau herbeiführen, wenn sie sich die Verbindung dieser Ebenen bewusst macht. Ihr Stein klärt den Geist und befreit ihn von belastenden Gedanken. Er bringt innere Ruhe und hilft bei der Bewältigung von Ängsten. Er steht für Nüchternheit und Vernunft, die Spiritualität als Teil des Lebens integriert. Die ausgeglichene Jungfrau weiß, dass sich Vernunft und Spiritualität nicht widersprechen. Doch manchmal tut sie sich schwer, ideelle oder gar spirituelle Denkansätze in ihr vernünftiges Leben zu lassen. Hierbei hilft ihr der Amethyst besonders gut, weil sein Wirken den Weg der Klarheit

und Geradlinigkeit nicht verlässt. Ist die Jungfrau erst einmal in der Lage, ihre eigene Vielfältigkeit zuzulassen, wird sie auch ihren Mitmenschen die sichere Basis und geistige Wachheit vermitteln können, für die sie so geliebt wird. ***Verfügbarkeit:*** in jeder Form. ***Anwendung:*** ohne Einschränkung nutzbar; den Stein vor langer Sonneneinstrahlung schützen.

Die Jungfrau-Frau in der Liebe

Sie ist attraktiv und selbstbewusst, doch sie gehört nicht zu den Frauen, die sich Hals über Kopf verlieben. Vorher wird der mögliche Kandidat genau unter die Lupe genommen, und ihr entgeht nicht der kleinste Fehler. Sorgfältiges Abwägen entscheidet darüber, ob er ihr geeignet erscheint oder nicht. Intellekt ist ihr wichtig, ebenso ein korrektes Erscheinungsbild und die gleiche mentale Wellenlänge. Meistens wählt sie gut. Ihre Liebe wächst langsam aber stetig, wenn sich der richtige Mann an ihrer Seite befindet. Dann kann die Jungfrau ihren kühlen Schutzwall ablegen und wie die anderen Erdzeichen sehr genussvoll lieben. Passender Stein: Amethyst.

Der Jungfrau-Mann in der Liebe

Der Jungfrau-Mann bewegt sich souverän in der Gesellschaft, wirkt aber zuweilen reserviert. Er wird niemandem einen Small Talk aufdrücken, sondern nur das von sich geben, von dem er weiß, dass es angebracht oder für ihn von Nutzen ist. Dabei ist sein Interessen- und Wissensspektrum sehr groß. Seine Attraktivität auf Frauen definiert sich meist über seine Geradlinigkeit, sein gepflegtes Äußeres und sein Händchen für Geld. Möchte eine Frau den Jungfrau-Mann erobern, sollte sie sich ihm nicht vulgär an den Hals werfen. Sie sollte auch bedenken, dass er die hohen Ansprüche, die er an sich selbst stellt, ebenso an seine Partnerin hat. Passende Steine: Amethyst, Jaspis (braun und gelb).

Das Keltische Horoskop

Bäume im Zeichen der Jungfrau

24. August bis 2. September
Kiefer – »Das wählerische Wesen«

Die Kiefer ist bekannt als Baum der Vernunft und des Abwägens. Diese Eigenschaft wird im Zeichen der Jungfrau noch deutlicher. Sie findet sich im Leben schnell zurecht, ist mutig und widerstandsfähig. Sie zeigt sich aufgeschlossen und freundschaftlich, jedoch lässt sie allzu tiefe Gefühle erst nach genauer Prüfung ihres Gegenübers zu. Denn sie ist sehr wählerisch. Bevorzugter Stein: Jaspis (braun und gelb).

3. September bis 12. September
Weide – »Die Melancholie«

Die Weiden im Zeichen der Jungfrau haben gegenüber jenen im Frühjahr eine stabilere Gefühlswelt. Sie drücken ihre Gefühlstiefe mit ihrer Menschenfreundlichkeit aus, mit ihrer Naturverbundenheit oder der Suche nach Herausforderungen. Sie sind rechtschaffen und ehrlich, setzen aber einen hohen Maßstab ans Leben selbst. Ihn zu erreichen, verschafft ihnen Wohlbefinden. Bevorzugter Stein: Bernstein.

13. September bis 22. September
Linde – »Der Zweifel«

Die Linde ist ein sanftes, gutmütiges Baumzeichen, das sich gerne inmitten seines privaten Kreises von Menschen befindet. Sie nimmt ehrlichen Anteil an den Bedürfnissen anderer Menschen und möchte helfen, wo sie nur kann. Sie hat viele Träume und möchte diese auch gerne umsetzen. Sofern die Linde in der Zeit der Jungfrau geboren ist, werden ihr einige dieser Vorhaben auch gelingen. Bevorzugter Stein: Charoit.

Die besonnene Waage

Geburtstag: 24. September bis 23. Oktober
Herrschender Planet: Venus
Element: Luft
Qualität: kardinal
Typus: der künstlerische Harmoniesucher

So, wie eine Waage sich immer neu auspendelt, sind die Waage-Geborenen stets auf dem Weg zu ihrem inneren Ausgleich. Waagen lieben die Harmonie, im Äußeren, wie im Inneren. Sie legen hohen Wert auf ein schönes fantasievolles Zuhause, auf perfekte und stilvolle Kleidung sowie auf ein stets angemessenes Auftreten in der Gesellschaft. Die liebevolle und warmherzige Art der Waage, verbunden mit einer Extraportion Optimismus, beschert ihr meist einen großen Freundeskreis. Spannungen und Disharmonien zwischen sich und ihren Lieben erträgt sie allerdings nur schwer, weshalb sie entweder in Gefühlsschwankungen gerät oder lieber gleich Kompromisse eingeht, als diese auszufechten. Dadurch gerät sie manchmal in Konflikt mit ihren eigenen Überzeugungen. Kein Wunder also, dass die Waage so viel diplomatisches Geschick entwickelt. Sie steckt voller Pläne und stellt sich gerne der großen Herausforderung, diese auch Realität werden zu lassen. Das gelingt ihr sehr gut, denn ihr hoher Anspruch, ihre Fähigkeit zum Abwägen und Vergleichen und nicht zuletzt ihre Gründlichkeit helfen ihr dabei. Die Waage in ihrem inneren Gleichgewicht fühlt sich vollständig. Das Einzige, was sie dabei ausbremsen könnte, sind zwei gleichwertige Wege, zwischen denen sie sich entscheiden muss.

Mookait

Dieser schöne Australier führt mit seinem Farbspektrum die Eigenschaften verschiedener Jaspis-Arten zusammen. Besonders wirksam für die Waage ist die Variante mit dem leichten Rosé-Ton. Tatkraft, Spontaneität und Dynamik verbinden sich mit sanfter Erdung, innerer Sammlung und Gelassenheit. Dieses Zusammenspiel macht ihn für die Waage so wertvoll, die bei der Durchführung ihrer vielen Pläne ständig neue Erfahrungen macht. Mit dem Stein kann sie die Eindrücke schneller verarbeiten und in Wissen und Können ausbauen. Dabei bleibt sie kraftvoll und fest mit den Füßen am Boden stehen und kann gleichzeitig ihren Geist zu neuen Zielen lenken, ohne sich dabei zu übernehmen. Über längere Zeit getragen, verleiht der Mookait einer Waage jene Besonnenheit, die sie braucht, um ihre Projekte vernünftig abzuwägen und gleichzeitig die nötige Aktivität, um den Spaß und die Freude an diesen Projekten nicht zu verlieren. Körperlich stärkt der Mookait das Immunsystem der Waage und hilft Leber und Milz bei der Blutreinigung. Er wirkt belebend und unterstützt die Gesundheit, indem er den Krankheitserregern das Milieu entzieht. ***Verfügbarkeit:*** als Trommelstein, Schmuckstein und Handschmeichler. ***Anwendung:*** längere Zeit bei sich tragen.

Rosenquarz

Bei Herzensangelegenheiten ist der Rosenquarz der erste Stein der Wahl, weshalb man ihn auch gerne als Freundschaftsgeschenk aussucht. Er aktiviert das Einfühlungsvermögen und die Liebeskraft. Er lässt seinen Träger die Liebe zum Inneren Kind verspüren und gibt gleichzeitig das Gefühl, von der Welt geliebt zu werden. Auf diese Weise schenkt er Geborgenheit, tröstet bei Kummer, Herzschmerz, Ängsten und Depressionen. Selbstvertrauen und Fröhlichkeit kehren zurück. Der Rosenquarz steht allgemein für Gefühlstiefe, Hilfsbereitschaft und Toleranz. Darum verstärkt er auch das Verständnis für die Wechselwirkungen zwischen Menschen und anderen Lebewesen im Allgemeinen. All das gilt auch für die Waage, die sich in ihrem inne-

ren Gleichgewicht befindet. In diesem Zustand strahlt sie die Energie von Kreativität und Harmonie aus, wobei sie von ihrem Planeten Venus noch unterstützt wird. Mithilfe ihres Steins kann die Waage ihre heilenden Kräfte entfalten und anderen Menschen helfen, ebenfalls wieder ihrem Herzen zu folgen. Dem Rosenquarz wird auch nachgesagt, er könne schädliche Strahlungen abhalten. Im übertragenen Sinne ist dies auch der Waage möglich. Sie kann andere besänftigen und ein harmonisches Klima schaffen. Ihr Stein hilft ihr dabei. ***Verfügbarkeit:*** in allen Formen erhältlich. ***Anwendung:*** mit Hautkontakt oder direkt am Herzen tragen.

Turmalinquarz

Einen ebenfalls perfekten Stein für das Ausgleichen innerer Spannungsfelder finden Waage-Geborene im Turmalinquarz. Bei ihrem Streben nach Harmonie und der Verwirklichung ihrer Ziele müssen sie häufig feststellen, dass sich diese idealen Zustände nicht verwirklichen lassen. Sie haben das Gefühl, auf der Stelle zu treten, und die Welt gerät in eine Schieflage, die schwer zu ertragen ist. Dann können sie entweder mit Anspannung und Verbissenheit reagieren oder allen Mut verlieren, wodurch sie in allgemeine Lustlosigkeit verfallen. Oder

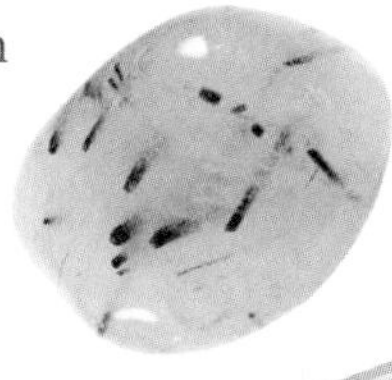

beides in schnellem Wechsel. Genau dort setzt der Turmalinquarz an. Er löst innere Widersprüche und stellt das gesunde Gleichgewicht zwischen Aktivität und Entspannung wieder her. Er hilft der Waage, sich und die Welt so anzunehmen, wie sie ist, und eigene Gegensätze zu akzeptieren. Auf dem gleichen Weg hilft er der Waage bei Entscheidungen oder wenn sie zwischen zwei gegensätzlichen Standpunkten wählen muss. Körperlich löst der Turmalinquarz Verspannungen, belebt und energetisiert. Zudem kann die Waage mit ihm ihr jugendliches Aussehen lange erhalten. ***Verfügbarkeit:*** schöne Steine vorwiegend in Schmuck gefasst. ***Anwendung:*** als Armband oder Kette tragen.

Heliotrop

Das indianische Horoskop gibt den Waage-Geborenen den Raben als Tier-Totem und den Heliotrop als Mineral. Das Wort »heliotrop« kommt aus dem Griechischen und bedeutet »die Sonne reflektierend«. Dem Stein wird nachgesagt, er könne die Sonnenstrahlen weiterleiten und somit den Körper und die Seele erwärmen. Er gibt Schutz gegen all jenes, »was die Sonne scheut« und was nicht guttut. Er stärkt sowohl auf der physischen als auch auf der psychischen Ebene die Immunabwehr, wirkt schmerzlindernd und ausgleichend.

Er entgiftet und hilft, kleine Wunden zu heilen. Er stärkt die Kontrolle über schwierige Situationen und hilft bei der Abwehr von unerwünschten Einflüssen. Das Medizinrad berichtet, dass die Waage ebenso wie ihr Stein ein richtiger Sonnenschein sein kann, wenn sie ihr inneres Gleichgewicht gefunden hat. Befindet sie sich in Disharmonie, kann sie zu Stimmungsschwankungen neigen und ihre Kräfte dazu nutzen, andere zu beeinflussen oder gar zu manipulieren. Der Heliotrop vertreibt dann das »Gift« aus den Gedanken und gibt ihr jene heilende Erdung, die sie zum Wiederherstellen ihrer Balance braucht. ***Verfügbarkeit:*** vorwiegend als Trommelstein, Handschmeichler. ***Anwendung:*** in Meditation oder als Wasserstein.

Die Waage-Frau in der Liebe

Ihr Erscheinungsbild ist anmutig, sie liebt schöne Dinge und versteht, sich zu kleiden. Bei der Partnerwahl achtet sie vorrangig auf Intellekt und Stilsicherheit. Erfüllt ein Mann dies, wird sie ihn mit ihrem Charme leicht um den Finger wickeln. Allerdings ist es für viele Männer gar nicht so leicht, eine Waage-Frau längere Zeit zu halten, denn sie kann morgen schon ohne Vorwarnung eine neue Eroberung ansteuern. Um das Herz einer Waage-Frau dauerhaft zu erobern, sollte er stets auf seine eigene Attraktivität achten und ihr genügend Freiraum geben für ihr vielseitiges Wesen und für ihr künstlerisches Schaffen. Gelingt es ihm gar, ihre labilen Stimmungen auszugleichen, wird sie ihn mit Treue, Herzlichkeit und Harmonie beschenken. Passender Stein: Rosenquarz.

Der Waage-Mann in der Liebe

Der Waage-Mann fühlt sich am wohlsten, wenn sich die Welt um ihn herum im Gleichgewicht befindet und Harmonie ausstrahlt. Tut sie das nicht, wird er sie nicht ändern, sondern er sucht sich nach Möglichkeit eine, die besser passt. Das gilt auch für die Partnerschaft. Er ist ein Freund von allem Schönen. Bei Architektur, Musik, Malerei – und bei Frauen. Beim Umwerben setzt er nicht nur seinen Charme ein, er ist auch stets aufmerksam und großzügig. Ob blond, schwarz, braun, der Waage-Mann bleibt vielseitig. Wichtiger ist, dass die Frau ihm auf Augenhöhe begegnet, sie selbst bleibt und des Öfteren ein Lob oder eine Schmeichelei für ihn übrig hat. Das wird ihn überzeugen. Passender Stein: Mookait.

Das Keltische Horoskop

Bäume im Zeichen der Waage

24.9. bis 3.10.

Haselstrauch – »Das Außergewöhnliche«

Haselstrauch-Geborene im Zeichen der Waage sind mitfühlend, intelligent und haben eine gute Urteilskraft. Ihre Hilfsbereitschaft und ihr Verantwortungsbewusstsein sind sehr ausgeprägt, und auch ihre Intuition ist bemerkenswert. Der Haselstrauch gibt der Waage Energie und Pioniergeist. Bevorzugter Stein: Mookait.

4.10. bis 13.10.

Eberesche – »Das Feingefühl«

Sie besitzt eine lebensfrohe Natur und möchte immer in Bewegung sein, doch sie macht es sich durch häufiges Abwägen manchmal kompliziert. Sie möchte gern im Einklang mit ihren Mitmenschen sein. Ihr Liebreiz, ihr Einfühlungsvermögen und ihre Flexibilität helfen ihr dabei. Sie hat ein ausgeprägtes Talent fürs Künstlerische. Bevorzugter Stein: Rosenquarz.

14.10. bis 23.10.
Ahorn – »Die Eigenwilligkeit«

Der Ahorn braucht von Kindesbeinen an viel Freiheit für seine Entfaltung. Ist dies gegeben, wird er sich zu einem optimistischen und großzügigen Menschen entwickeln. Er ist intelligent, hat Ehrgeiz und ein unstillbares Verlangen nach neuen Erfahrungen. Bevorzugter Stein: Turmalinquarz.

Der impulsive Skorpion

Geburtstag: 24. Oktober bis 22. November
Herrschender Planet: Mars (alt), Pluto (neu)
Element: Wasser
Qualität: fix
Typus: der Leidenschaftliche

Der Skorpion ist kontaktfreudig, aufmerksam und hilfsbereit. Er ist wahrheitsliebend und in sozialen Beziehungen zuverlässig, was er auch von seinem Gegenüber erwartet. Er gehört nicht zu den Menschen, die sich verstecken. Mit viel Charisma und Charme sticht er gerne aus der Gruppe hervor. Anpassungsfähigkeit ist keine Stärke des Skorpions. Viel lieber führt er jene Veränderungen herbei, die nötig sind, um Situationen in die gewünschte Form zu bringen. Die dafür erforderlichen Werkzeuge hat er allemal: Er ist ein scharfer Beobachter und verfügt über feine Sensoren für die Gemütslage seiner Mitmenschen. Er kann seine Anliegen sehr klar und für jeden leicht verständlich machen. Mit seiner Begeisterungsfähigkeit wird er auch den Letzten überzeugen. Trotz alledem wird er seine zumeist tief gehenden Gefühle nicht jedermann preisgeben, vielleicht weil er geistig wie emotional enorme Höhen und Tiefen bewältigen muss. Um dieses gefühlvolle Innere zu schützen, trägt der Skorpion seinen (meist verbalen) Stachel mit sich, den er sofort gezielt einsetzt, wenn er sich bedroht fühlt. Ein ausgeglichener Skorpion gebraucht ihn aber nur selten.

Onyx

Beim Wirkspektrum des Onyx wird klar, wie sehr er dem Skorpion helfen kann, seine Wesenszüge positiv auszubilden, denn er steht für gesundes Selbstbewusstsein sowie für die Fähigkeit, seine wichtigsten Belange verständlich zu machen. Er löst tief sitzende Ängste des Skorpions auf und verleiht ihm ein sicheres Auftreten, mit dem er manipulative Handlungen bei seinen Mitmenschen ebenso erkennt, wie im eigenen Verhalten. In Zeiten innerer Schwäche gibt er ihm die Willenskraft und das Durchsetzungsvermögen zurück, das für mehr Selbstständigkeit unverzichtbar ist. Der Skorpion braucht das logisch-analytische Denken, Realitätsbewusstsein und die Selbstkontrolle. Die erdende Kraft seines Steins verwurzelt ihn fest mit der Realität, die ihn klar erkennen lässt, ob beispielsweise der Kampf um ein Projekt lohnenswert ist oder nicht. Oder ob der Ärger über einen anderen Menschen tatsächlich berechtigt ist. Mit Bedachtsamkeit und

Verstand hält der Skorpion seine Mitte, bewahrt seinen Standpunkt und bleibt dennoch in der Lage, den anderen zuzuhören. Zudem stärkt sein Stein die Sinnesorgane, vor allem Gehör und Gleichgewichtssinn. ***Verfügbarkeit:*** echter Onyx meist als Trommelstein. ***Anwendung:*** bei sich tragen.

Serpentin (China-Jade)

Für den Skorpion, der allzu sehr von seinen intensiven Gefühlen beherrscht wird, ist der Serpentin der ideale Stein, denn es geht ein besonderer Schutz von ihm aus. Er kann den Skorpion vor sich selbst schützen, indem er seine Stimmungsschwankungen ausgleicht und somit Aggressivität und Streitlust mindert. Er löst seine negativen Emotionen, hilft, mit sich selbst ins Reine zu kommen und vermittelt inneren Frieden bis hin zur meditativen Ruhe. Diese Wirkung setzt er besonders dann ein, wenn der Skorpion Gefahr läuft, seinen Stachel gegen sich selbst zu richten. Der Serpentin löst dann Ärger und Anspannung aus dem Gemüt, mit gestärkter mentaler Kraft können diese negativen Gefühle aus dem emotionalen Körper abtransportiert und dauerhaft ferngehalten werden. Nebenbei lernt der Skorpion von seinem Stein, abzuschalten, sich selbst nicht so ernst- und

die Welt so anzunehmen, wie sie ist. Auf der körperlichen Ebene wirkt der Serpentin ebenso entsäuernd wie entgiftend. Er stärkt Leber und Nieren und reinigt die Gefäße von Ablagerungen. Er bringt den Magnesiumstoffwechsel in Schwung und hält die Gefäße elastisch. ***Verfügbarkeit:*** in vielen Formen. ***Anwendung:*** über längere Zeit bei sich tragen.

Tektit

Tektit ist eine Gesteinsschmelze, die infolge eines Meteoriteneinschlags entstanden ist. Er trägt also die Information über die Größe des Universums in sich und gibt diese auch weiter. Er regt dazu an, alles Geschehen von einer höheren Warte aus zu betrachten. Somit verhilft er zu Selbsterkenntnis und zum Verständnis von Ursache und Wirkung. Skorpione sind wie ihr Stein von Natur aus auf höhere Schwingungen eingestellt. Mit ihm können sie diese Energie halten, um sie für sich und andere zu nutzen. Vor allem, wenn es darum geht, mit dem erweiterten Bewusstsein bei den Mitmenschen wie bei sich selbst gegen kleinmütiges Denken anzugehen, kann der Tektit Großes bewirken. Dann hilft er, falsche Sicherheiten zu entlarven, von Ängsten und Sorgen zu befreien und bringt Spontaneität sowie neue Ideen. Bei besonders sensitiven Skorpion-Geborenen öffnet

er den geistigen Raum für das Verstehen der kosmischen Ordnung, woraus meditative Ruhe und gestärkter Selbstausdruck resultieren. Oft reicht infolgedessen sein Einfühlungsvermögen bis hin zur Hellsichtigkeit. Der Tektit wird auch bei Schock und Verwirrung eingesetzt. ***Verfügbarkeit:*** angeschliffene Tropfen. ***Anwendung:*** je nach Sensibilität länger oder kürzer bei sich tragen.

Kupfer und Malachit

Im indianischen Horoskop werden beide Mineralien der Schlange (Skorpion) zugeordnet. Kupfer und Malachit stehen in enger Verbindung, denn der Malachit wächst dort, wo sich kupferhaltiges Gestein befindet. Die Heilwirkung des Kupfers hat viel mit seiner hohen Leitfähigkeit und Wärmewirksamkeit zu tun. Kupfer wird bei Arthritis und Rheuma sowie bei Versteifungen und Verhärtungen der Muskulatur eingesetzt. Seine Fähigkeit, das Blut und auch den Geist zu reinigen, spricht man ebenso dem Malachit zu. Die Menschen im Zeichen des Skorpions können von ihnen erfahren, wie enorm auch ihre eigene »Leitfähigkeit« ist. Sie tragen ihre Überzeugungen so gewinnend weiter, dass sie damit Situationen nach eigener Vorstellung umwandeln können. Sofern sie sich in ihrer eigenen Klarheit befinden, werden diese Umwand-

lungen auch einen reinigenden Charakter besitzen. Der Malachit löst außerdem Ängste und gibt das Vertrauen in eine höhere Ordnung. Er stärkt Entschlossenheit und Vorstellungskraft; er macht den inneren Reichtum und die Wärme des Herzens bewusst, Eigenschaften, die der Skorpion gerne mit seinen Lieben teilt. ***Verfügbarkeit:*** in verschiedenen Formen erhältlich. ***Anwendung:*** gute Entfaltung der Wirkung in der Meditation. Kein Wasserstein!

Die Skorpion-Frau in der Liebe

In der Liebe zeigt sich die Leidenschaft der Skorpion-Frau in besonderem Maße. Sie erfüllt die klassische Vorstellung vom Vamp mit viel Erotik und Sinnlichkeit. Ihrer sexy Ausstrahlung können die Männer nur schwer widerstehen. Zusätzlich stellen sie bald fest, dass sie ebenso wortgewandt wie intelligent ist. Und anspruchsvoll. Wenn etwas nicht so läuft, wie sie es will, präsentiert sie ihren Stachel. Nur ihre tieferen Gefühle zeigt sie sehr ungern. Sie ist lieber eine gute Beobachterin, und noch ehe ihr Begleiter etwas Privates von ihr erfährt, hat sie ihn längst durchschaut. Wenn es der Richtige ist, kann sie treu und herzlich, aber auch eifersüchtig sein. Jedoch nie langweilig. Passender Stein: Malachit.

Der Skorpion-Mann in der Liebe

Er kleidet sich gut, hat geschmeidige Bewegungen und ein umwerfendes Charisma. Seine erotische Ausstrahlung, seine leidenschaftliche Liebe aber auch sein hoher Intellekt lässt viele Frauenherzen höherschlagen. Dennoch macht er es seinen Mitmenschen nicht leicht, hinter seine Fassade zu blicken. Und ohne jede Selbstkritik verlangt er für sich das Beste, auch in Bezug auf Frauen. Hat er einmal die Richtige gefunden, ist er mit ganzem Herzen dabei und mit diesem auch treu. Allerdings kann er auch sehr eifersüchtig oder gar besitzergreifend werden. Der Skorpion-Mann, der seine Gefühle im Griff hat, ist aufmerksam und wird seiner Auserwählten mit viel Fantasie das L(i)eben schöner machen. Passender Stein: Tektit.

Das Keltische Horoskop

Bäume im Zeichen des Skorpions

24. Oktober bis 2. November
Nussbaum – »Die Leidenschaft«

Der Nussbaum hat Sinn für Schönes, ist verständnisvoll, gefühlsbetont und tut viel für seine Lieben. Seinen weiten, geistigen Horizont und seine vielseitige Intelligenz nutzt er für die materielle Sicherheit auf lange Sicht. Dennoch erlebt er die Welt vor allem über seine Gefühle, die ihn spontan, aber auch schwer kalkulierbar handeln lassen. Darüber hinaus gilt er als nicht sonderlich flexibel. Vorhandene Gegebenheiten ändert er lieber nach seinem Gusto. Dies in Verbindung mit seiner leidenschaftlichen Natur lässt ihn für Außenstehende oft unberechenbar wirken. Bevorzugte Steine: Serpentin, Tektit.

3. November bis 11. November
Eibe – »Die Kreativität«

Nur einmal erscheint die Eibe im keltischen Jahreskreis, und dies in der mystischen Zeit zwischen Herbst und Winter. Die Eibe ist ein Querdenker, ein Freigeist. Sie hat unkonventionelle Ideen und kann damit in der Gemeinschaft zu kreativen Lösungen beisteuern. Ihre beständige Suche nach den tiefen Geheimnissen des Lebens kann sie jedoch auch in Stimmungsschwankungen versetzen, aus denen sie nur schwer herausfindet. Bevorzugter Stein: Serpentin.

12. November bis 21. November
Kastanie – »Die Redlichkeit«

Sie hat einen ausgeprägten Sinn für Gerechtigkeit und ist sehr interessiert an dem, was um sie vorgeht. Sie strebt hohe Ziele an, die der Gemeinschaft nützen und verfolgt sie mit viel Engagement. Trotz ihrer Emotionalität weiß sie sich in allen Lebenslagen zu helfen, indem sie mit enormer Tatkraft ans Werk geht, jedoch auch flexibel genug ist, um den Kurs zu ändern, falls er sich als falsch erweist. Wichtig für die Kastanie ist ein gesundes Selbstbewusstsein. Bevorzugter Stein: Onyx.

Der entschlossene Schütze

Geburtstag: 23. November bis 21. Dezember
Herrschender Planet: Jupiter
Element: Feuer
Qualität: veränderlich
Typus: der geradlinige Mensch

Der Schütze ist ein zumeist optimistischer, offener Mensch, den eine beständige Begeisterung für die innere und äußere Freiheit durchs Leben leitet. Er verlangt diese Freiheit nicht nur für das eigene Tun, sondern setzt sie auch bei anderen voraus. Er geht aufrecht durchs Leben und benötigt dabei ein großes Maß an Bewegungsspielraum, um seine Vielseitigkeit und Lernfreude ausleben zu können. Schützen sind Lebenskünstler, die immer in Aktion sein wollen. Sie sind kreativ und treffen zielsicher den Kern der Dinge. Das Streben nach dem Besten, egal, ob im Beruf oder im Privatleben, ist beim Schützen sehr ausgeprägt. Da sein Element das Feuer ist, wird er das aber nicht maßvoll im stillen Kämmerlein tun sondern es mit gesundem Selbstbewusstsein nach außen tragen und überall dort einfordern, wo es ihm richtig erscheint. Dabei kann es ihm allerdings passieren, dass er sich und andere mit allzu hohen Forderungen ins Abseits schiebt, ohne es zu bemerken. Doch dank seiner Intuition und seiner guten Beobachtungsgabe erkennt er einen Fehler recht schnell und wird in der Regel alles versuchen, ihn wiedergutzumachen. Denn in seinen Absichten ist er vom Wesen her ehrlich, gerecht und großmütig. Dieses temperamentvolle Zeichen geht auch besonders gerne auf Reisen.

Amazonit

Schütze-Geborene mit ihrem ausgeprägten Idealismus und einem Drang zu innerer Freiheit finden sich häufig in Situationen wieder, in denen sie ausgebremst werden und unnötige Hürden vorfinden, die im Zweifelsfall sogar auf Unaufrichtigkeit basieren. Natürlich gelingt es selten, solche Missstände sofort aus der Welt zu schaffen. Dies ist für den Schützen unerträglich und kann ihn – manchmal gleichzeitig – sowohl lähmen als auch in rechten Zorn versetzen. In solchen Zeiten ist es für ihn ratsam, einen Amazonit bei sich zu tragen.

Der Amazonit ist ein Stein für die Seelenharmonie. Gerade für sanfte Gemüter mit einem ausgeprägten Sinn für gemeingültige Werte ist er der richtige Stein, vor allem dann, wenn diese Werte scheinbar zu lau umgesetzt oder gar missachtet werden. Er wirkt beruhigend und harmonisierend auf Geist und Seele, sodass der optimistische Schütze schnell eine Lösung findet. Zuweilen kann das Verhalten des Schützen für das eigene Verständnis anders sein, als es von außen empfunden wird. Auch hier schafft der Amazonit ein klares Bild. Auf körperlicher Ebene ist der Stein in der Lage, Verspannungen aus den Muskeln zu lösen. ***Verfügbarkeit:*** in diversen geschliffenen Formen. ***Anwendung:*** über längere Zeit tragen oder als Edelstein-Essenz einnehmen.

Lapislazuli

Nicht nur im wörtlichen Sinne wird der Lapislazuli der Stein der Könige genannt. Er dehnt die Aura seines Trägers stark aus und verleiht ihm den Eindruck von Raum, von Größe und innerem Reichtum. Die Neigung zur Zurückhaltung räumt den Platz für klares, authentisches Auftreten. Lapislazuli zeigt dem Schützen also deutlich, wo seine Stärken sind, und er ist in der Lage, ihm diese Stärken zurückzugeben, wenn er sie einmal verloren hat. Er erinnert ihn daran, wer er wirklich ist und stärkt die Fähigkeit, auch unbequeme Wahrheiten in klare Worte zu fassen, also seine Ansichten zu vertreten. Gleichzeitig schult er seine Fähigkeit, die Standpunkte der anderen verstehen zu lernen und zu berücksichtigen. Schützen in lehrenden

Berufen hilft der Lapislazuli, immer gut bei Stimme zu bleiben, er lindert Halsschmerzen und Heiserkeit und verbessert die Wortwahl. Er bringt Gelassenheit und fördert die Selbstkontrolle. Ein Lapislazuli ohne Pyrit-Einschlüsse hilft darüber hinaus, den Blutdruck zu senken, und schenkt einen gesunden Schlaf. ***Verfügbarkeit:*** in verschiedenen Qualitäten erhältlich. ***Anwendung:*** im Halsbereich tragen. Schnelle Wirkung bei Hautkontakt.

Sodalith

Ein weiterer Stein, der die Vorzüge des Schützen unterstützt, ist der Sodalith. Er verbindet bei ihm auf hervorragende Weise die Intuition mit dem Verstand. Vor allen dann, wenn sein Unterbewusstsein schon lange weiß, was zur Verbesserung der eigenen Situation zu tun ist, leitet sein Stein dies zum Bewusstsein und gibt ihm gleichzeitig die Kraft, es in die Tat umzusetzen. Der Sodalith bewahrt den Schützen vor Manipulation, bringt ihm Standfestigkeit und Idealismus. Er löst störende Verhaltensmuster auf und gibt neue Impulse zur Verwirklichung von Ideen oder gar Träumen. Der Sodalith ist also vor allem für jene Schützen geeignet, die ihren reichhaltigen inneren Schatz zwar spüren, ihn aber durch die Zwänge des täglichen Lebens nicht vollständig zur Geltung bringen können. Der Stein hilft ihnen, Gefühlsblockaden und Schuldgefühle

zu lösen sowie ihre Überzeugungen zu leben und weiterzugeben, dies jedoch immer mit dem rechten Maß an Vernunft und Bodenhaftung. Körperlich hilft er seinem Sternzeichen bei Halsbeschwerden und verleiht ihm das nötige Maß an Entspannung. ***Verfügbarkeit:*** als Trommelstein, Handschmeichler, gebohrter Schmuckstein. ***Anwendung:*** bei sich tragen oder als Wasserstein nutzen.

Obsidian

Im indianischen Horoskop gilt für den Schützen (Eule oder Wapiti) der Obsidian als Wesensverwandter aus dem Mineralreich. Von den Indianern wurde dieses besondere Vulkanglas wegen seiner harten, sehr scharfen Kanten, die bei der Bearbeitung entstehen können, zu Messern und Pfeilspitzen verarbeitet. Auch Schmuck und Spiegel wurden daraus gefertigt. Sie sprachen dem Stein besondere Kräfte zu. Er sollte seinen Träger mit der Erdenergie verbinden, ihn vor bösen Geistern schützen und durch seine Spiegelkraft die Fähigkeit des Gedankenlesens verleihen. Wie einer Pfeilspitze aus Obsidian fällt es dem Schützen leicht, zielgenau und tief in das Innere der Seele seiner Mitmenschen einzudringen und darin zu lesen. Wie die glatte Fläche dieses Steins seinen Betrachter widerspiegeln kann, ist es auch dem Schützen möglich, seinem

Gegenüber wie ein Spiegel dessen Stärken ebenso wie dessen Schwächen aufzuzeigen. Ebenso sicher wird der »gute« Schütze ihn von »bösen Geistern« fernhalten. In der modernen Steinheilkunde wird der Obsidian zur Innenschau genutzt, um an versteckte Bewusstseinsinhalte zu gelangen und sie an die Oberfläche zu holen. Also hat der Schütze mit dem Obsidian auch einen guten Spiegel für sich selbst. ***Verfügbarkeit:*** verschiedene Arten und Verarbeitungen. ***Anwendung:*** am Körper tragen oder vor Obsidianspiegel meditieren.

Die Schütze-Frau in der Liebe

Die Schütze-Frau braucht ihre Freiheit in jeder Hinsicht. Sie reist gerne, entscheidet am liebsten spontan und sortiert bei ihrem Job schon am ersten Tag jene Dinge aus, die sie nicht machen will. Ihr herrschender Planet Jupiter macht sie zu einer Optimistin, die fest an ihr Glück glaubt. Sie sagt offen und aufrichtig, was sie gerade bewegt, und erwartet dies auch von ihrem Gegenüber. Auch in der Liebe zeigt sich ihr freier Geist. Sie ist herzlich, verspielt, humorvoll. Mit ihrer offenen Art gewinnt sie schnell die Gunst der Männer, die allerdings selbst nach mehrmaligen Treffen nicht wissen, ob sie die große Liebe oder nur einen guten Freund sucht. Es dauert lang, bis sie das selbst weiß. Dann wird sie eine warmherzige und leidenschaftliche Partnerin sein. Passender Stein: Sodalith.

Der Schütze-Mann in der Liebe

Freiheitsliebe, Humor und Vielseitigkeit sind die herausstechenden Eigenschaften des Schütze-Mannes. Bei den Zielen, auf die er seine Pfeile abfeuert, geht es nicht darum, welche, sondern eher wie viele es sind. Er lässt sich nicht gerne festnageln, weder an einem Ort, noch im Beruf und auch nicht in der Liebe. Sein Glück wartet jeden Tag auf ihn, und wenn es hier nicht das Richtige war, findet er es woanders. Wenn eine Frau es schafft, ihm seine Freiheit zu lassen und immer wieder seinen Jagdinstinkt anzuregen, entdeckt sie noch mehr: Ehrlichkeit, Herzlichkeit, Mut, Hilfsbereitschaft und jede Menge Leidenschaft. Passender Stein: Obsidian.

Das Keltische Horoskop

Bäume im Zeichen des Schützen

22. November bis 1. Dezember
Esche – »Der Ehrgeiz«

Sie hat ein anziehendes Wesen, ist ehrgeizig und begabt. Ein schwärmerischer Individualist, der sich durch nichts erschüttern lässt. Sie möchte gern hervorstechen und eignet sich eher als Führer, denn als Untertan, doch man kann ihr vertrauen. Sie verabscheut Ungerechtigkeiten und ist in der Liebe sehr fürsorglich. Bevorzugter Stein: Obsidian.

2. Dezember bis 11. Dezember
Hainbuche – »Der gute Geschmack«

Sie fällt gerne auf durch ihre aufrechte Haltung und ihr geschmackvolles Erscheinungsbild. Durch Disziplin und Vernunft erreicht sie ihre hochgesteckten, aber niemals utopischen Ziele fast immer. Sie glaubt nicht immer an das Gute im Menschen, aber lässt sich nicht so schnell kleinkriegen, da sie gefestigt, ja beinahe zäh ist. Bevorzugter Stein: Lapislazuli.

12. Dezember bis 21. Dezember
Feigenbaum – »Die Empfindsamkeit«

Er hat ein herzliches Verhältnis zur Familie, liebt Kinder und Tiere. Sein sensibles Inneres bevorzugt das milde Klima, auch im übertragenen Sinne. In ihm verbinden sich praktische Intelligenz und Kreativität zu innovativem Handeln, das nur durch sein seelisches Auf und Ab ausgebremst werden kann. Bevorzugter Stein: Amazonit.

Der standhafte Steinbock

Geburtstag: 22. Dezember bis 20. Januar
Herrschender Planet: Saturn
Element: Erde
Qualität: kardinal
Typus: der verantwortungsbewusste Mensch

Der Steinbock zeigt sich, ähnlich wie die Jahreszeit, in der er geboren ist, meist von seiner kühlen Seite. Er liebt Klarheit und Struktur in seinem Leben. Er möchte Ordnung haben in seinem Zuhause, in seinen Beziehungen und auf seinem Konto. Er ist sicher, dass all dies nur zu erreichen ist, wenn er ganz in der Realität steht und dabei ausdauernd und geradlinig seine Aufgaben verfolgt. Tatsächlich verfügt er dafür über die nötige Selbstdisziplin und über enorme mentale und körperliche Kraft. Dennoch muss er darauf achten, sich nicht zu viel aufzubürden – nicht, dass er es nicht schaffen würde – er hat dann nur keine Zeit mehr für das eigentliche Leben, und das könnte diesen an und für sich recht warmherzigen Charakter stur, pessimistisch und einsam machen. Hilfreich ist dann oft sein innerer Wissensschatz, um damit eine allumfassende Ordnung und die Ursache und Wirkung bestimmter Situationen aufs Genaueste erkennen und die richtigen Schlussfolgerungen daraus ziehen zu können. Die Steinbockzeit ist mystisch und voller traditioneller Feste: Die Rauhnächte, Weihnachten, Silvester, Heilige Drei Könige. Ein Steinbock, der in seiner Mitte angelangt ist, transportiert die alten Werte und ihre Mystik in die heutige Zeit. Doch erst beim näheren Kennenlernen erkennt man das Funkeln und Glitzern von tausend Lichtern in seinem Wesen.

Chrysopras

Um für sich und die Anderen beständig ein reiner Quell zu sein, sollte der Steinbock immer einen Chrysopras bei sich führen, und das nicht nur, weil er für Glücks- und Freundschaftsfindung steht. Er ist bekannt dafür, bei der Ausleitung von leichten bis schweren Stoffen aus dem Körper zu helfen und vor neuen Ablagerungen zu schützen. Dies gilt ebenso auf der seelischen Ebene. Hier befreit er von belastenden Gedanken oder Unruhe und schenkt dafür Urvertrauen, Zufriedenheit und innere Freiheit. Er spendet Selbstvertrauen und macht unabhängig von äußerer Zuwendung. Ein Steinbock, der durch den Stein sein inneres Gleichgewicht gefunden hat, kann wie er entgiftend auf seine Mitmenschen wirken und ihnen Wärme und Geborgenheit vermitteln. Mithilfe des

Chrysopras bringt er seinen Lieben noch besser die klassischen, verlässlichen Wege nahe, die sich schon von jeher beim Wandel durch das Leben gut bewährt haben. Rückverbindung und echte Werte sind dann keine leeren Worthülsen mehr. Sie werden real, schenken Freiheit des Geistes und Zufriedenheit. Es entsteht Raum für Mitgefühl und künstlerische Inspiration. Der Chrysopras gibt dem Steinbock damit das innere Funkeln, das er gerne öfter zeigen sollte. ***Verfügbarkeit:*** Trommelsteine und in guter Qualität als Schmuck erhältlich. ***Anwendung:*** als Schmuck tragen oder als Edelsteinwasser trinken.

Rauchquarz

Ein weiterer wichtiger Begleiter für den Steinbock ist der Rauchquarz. Es wirken große Kräfte in diesem Stein, die sein Kristallgefüge unter Spannung setzen. Genau darum wirkt er auf seinen Träger spannungslösend. Der Rauchquarz sorgt für ein stabiles Gleichgewicht der Seele, wodurch es möglich wird, seelische Ursachen von Stress zu erkennen und zu lösen. Er deckt Selbsttäuschungen und Widerstände auf und bietet das nötige spannungsfreie Feld, um diese abzulegen. Er stärkt das Gedächtnis, wodurch die Erkenntnis von Ursache und Wirkung

im Alltag noch klarer vor Augen tritt. Logisches folgerichtiges Denken und Handeln unterstützen somit eine gelassene Haltung und die Vermeidung von neuen Fehlern. Der Steinbock kann viel von sich selbst im Rauchquarz erkennen. Sein Stein gibt ihm die nötige Entspannung und Gelassenheit, um seinen klaren Verstand nicht nur für seine Unternehmungen, sondern auch für die eigene Person einzusetzen. Damit deckt er seelische Ursachen auf und kann nun die gestellten hohen Forderungen an sich in aller Ruhe überprüfen und, wo nötig, korrigieren. Seine ihm zur Verfügung stehenden Kräfte werden frei, um sie dort einzusetzen, wo er sie wirklich braucht. ***Verfügbarkeit:*** in diversen Formen und in Schmuck. ***Anwendung:*** über längere Zeit bei sich tragen.

Turmalin (schwarz und grün)

Der Turmalin ist reich an Mineralstoffen und verfügt über eine hohe energetische Leitfähigkeit. Das macht ihn zu einem dynamischen und belebenden Heilstein. Sein trigonales** Kristallwachstum wiederum gibt wie kein anderes Stabilität und weist auf die Dreieinheit des Lebens hin (Christusstein). Für den Steinbock sind die Farbvarietäten Schwarz und Grün

** Begriff aus der Kristallografie: eines der sieben Kristallsysteme

von Bedeutung, denn sie entsprechen seinem Wesen in besonderem Maße. Der schwarze Turmalin gilt als bester Schutzstein, er leitet negative Energien ab und fördert den positiven Energiefluss im Körper. Dies verleiht dem Steinbock eine gelassene, zentrierte Grundhaltung, in der sämtliche verfügbaren Kräfte jederzeit abrufbar bleiben. Die grüne Farbvarietät steht für seelische und körperliche Reinigung, bringt Lebensfreude und neue Ideen. Steinbock-Geborene können mit dem Turmalin ihr eigenes großes Potenzial erkennen und die enorme Kraft mobilisieren, die ihnen ihre Geburtszeit mit in die Wiege gelegt hat. Mit ihm können sie sich jederzeit von festgefahrenen oder gar negativen Geisteshaltungen reinigen und ihre Stärke für sich und ihre Lieben gewinnbringend einsetzen. ***Verfügbarkeit:*** schwarzer Turmalin ist häufig und in größeren Stücken erhältlich. ***Anwendung:*** schnell wirksam bei Hautkontakt.

Bergkristall

Im indianischen Horoskop steht für den Steinbock die Schneegans, und sein Mineral ist der Bergkristall. Licht, Kraft, Klarheit. Diese drei Wesensmerkmale stehen beim Bergkristall im Vordergrund. Durch seine Klarheit kann er das Licht, das in ihn hineinfällt, gebündelt und verstärkt auf seine Umgebung weiterleiten, und er kann die Kräfte des Universums ungehindert durch

sich hindurchfließen lassen. Durch seine Fähigkeit, so viel Licht und Kraft zu sammeln und weiterzugeben, wirkt er auf allen Ebenen. Er kann beruhigen und gleichzeitig stärken, er wirkt klärend und erhellend auf den Verstand, und er macht den Blick frei für neue Eindrücke. Es ist die Kühle, die er ausstrahlt (»kristallos« = griechisch für »Eis«) und seine speziellen Kräfte, die ihn zum idealen Stein für das winterliche Sternzeichen machen. Wie er kann auch der Steinbock seine Umwelt sehr klar erfassen und unerschöpfliche Kräfte durch sich fließen lassen, vorausgesetzt, er befindet sich selbst in einem klaren Zustand. Ist dies nicht der Fall, kann er wie sein Stein auch negative Energie verstärkt weiterleiten und selbst daran »zerbrechen«. Deshalb erinnert ihn der Bergkristall zu jeder Zeit daran, seine eigene Klarheit und sein inneres Licht beizubehalten. ***Verfügbarkeit:*** in allen Formen erhältlich. ***Anwendung:*** vielseitig; bei Spitzen die gebündelte Kraft beachten.

Die Steinbock-Frau in der Liebe

Sie ist eine Kämpfernatur und weiß genau, was sie tut. Mit Ausdauer und Konsequenz geht sie ihren Weg. Der Mann, der einer Steinbock-Frau gefällt, ist in der Regel gebildet, gut gekleidet und sehr gewandt im gesellschaftlichen Umgang. Um seine Aufmerksamkeit auf sich zu ziehen, wird sie sehr dezent ihre erotische Ausstrahlung einsetzen, doch das nächste Signal sollte der Mann geben. In der Partnerschaft zeigt sie sich nicht nur realistisch und zuverlässig, sie kann auch sehr herzlich sein. Sexualität wird sie lieber praktizieren, als darüber zu reden. Dennoch möchte sie im Idealfall ihre Lust nur mit dem Mann an ihrer Seite teilen, denn sie ist von Natur aus sehr treu. Passender Stein: Bergkristall.

Der Steinbock-Mann in der Liebe

Seine stattliche und dennoch zurückhaltende Erscheinung zieht Frauen oft an, doch um ein näheres Kennenlernen zu ermöglichen, sollten diese ihr Interesse an ihm deutlich bekunden. Dies aber bitte mit dem nötigen Maß an Klugheit. Er schätzt Frauen mit Stil und Eleganz. Naivität oder oberflächliche Spielchen durchschaut er sofort und mag sie gar nicht. Selbst wenn es schwer wird, seine kühlen Mauern einzureißen, es lohnt sich. Denn in der Regel bietet er ihr Beständigkeit, finanzielle Sicherheit und ein stilvolles Zuhause. Auf der Gefühlsebene punktet er mit erfahrener Liebeskunst, einem Herzen aus Gold und ganz viel Treue. Passender Stein: Grüner Turmalin.

Das keltische Horoskop

Bäume im Zeichen des Steinbocks

23. Dezember bis 1. Januar
Apfelbaum – »Die Liebe«

Er hat große Anziehungskraft, sein Leben ist nie langweilig, und er sieht immer das Gute im Menschen. In jungen Jahren geht er auch gerne ein Abenteuer ein, später lässt er die Vernunft siegen, weil ihm die Liebe wichtiger ist. Er hat einen großen inneren Reichtum, den er gerne mit anderen teilt. Er ist fantasievoll, vielseitig und klar in seinem kreativen Schaffen, aber auch in der Problemlösung. Die heutige Welt ist dem Apfelbaum-Steinbock aber oft zu hektisch. Bevorzugte Steine: Bergkristall, Rauchquarz.

2. Januar bis 11. Januar
Tanne – »Das Geheimnisvolle«

Ihr würdevolles, zurückhaltendes Auftreten lässt sie für andere etwas kühl erscheinen. Sie ist ehrgeizig, fleißig und hat einen sehr guten Geschmack, ist aber dennoch nicht anspruchsvoll. Sie identifiziert sich mit ihrer Gemeinschaft und tut viel für sie, aber nur in dem von ihr gesteckten Rahmen. Nur wer sie gut kennt, versteht sie richtig. Bevorzugte Steine: schwarzer und grüner Turmalin.

12. Januar bis 24. Januar
Ulme – »Die gute Gesinnung«

Sie ist darauf bedacht, niemandem das Leben schwer zu machen, ist hilfsbereit und vertrauenerweckend. Dennoch gehorcht sie nicht gerne, sondern führt lieber. Ihr von Natur aus heiteres Wesen wird durch ihre Beherrschtheit leicht abgekühlt. In der Partnerschaft ist sie treu und ehrlich. Bevorzugter Stein: Chrysopras.

Der agile Wassermann

Geburtstag: 21. Januar bis 19. Februar
Herrschender Planet: Uranus
Element: Luft
Qualität: fix
Typus: der Reformer

So, wie die Natur in der Zeit des Wassermannes schrittweise das Alte verlässt, um in eine neue Runde zu gehen, so sind die Wassermann-Geborenen ihr Leben lang bereit, Altes fallen zu lassen und auf die Suche nach Neuem zu gehen, seien es Ideen, Orte oder Menschen. Der Wassermann hat alle dazu nötigen Charakterzüge: Neugierde, Offenheit und einen unbändigen Freiheitsdrang. Mit seiner fröhlichen und menschenfreundlichen Art fällt es ihm leicht, neue Kontakte zu knüpfen und diese für sich und seine Ideen zu begeistern. Man kann ihm oft nicht einmal böse sein, wenn er vor deren Umsetzung schon wieder ganz andere Projekte ansteuert. Er braucht ganz einfach die freie Entfaltung, die eigene Entwicklung in alle ihm wichtigen Richtungen, auch wenn diese Wichtigkeit nur von kurzer Dauer ist. Fühlt sich der Wassermann zu sehr eingeschränkt, wird er sogar bedeutsame Kontakte oder Bindungen lockern, was ihn im ungünstigsten Fall zur Isolierung führen kann. Spätestens dann wird ihm klar, wie eng sein inneres Glück mit seinen Liebsten verbunden ist. Nicht umsonst findet man viele Wassermänner dort, wo Menschen ihresgleichen brauchen.

Aquamarin

Der Aquamarin fördert inneres Wachstum und ist somit in der Lage, dem Wassermann geistig und körperlich mehr Spielraum zu geben. Er lässt ihn weitgesteckte Ziele angehen und gibt ihm den dafür nötigen Antrieb sowie das für die Vollendung wichtige Durchhaltevermögen, selbst dann, wenn Widerstände zu erwarten sind. Für eine lebendige Planung der Projekte erweitert der Stein den Blickwinkel des Wassermannes und unterstützt seine Voraussicht, damit er immer wieder neue Wege und Möglichkeiten erkennen kann. Für die typischen Vertreter dieses Sternzeichens also ein idealer Stein, denn der Aquamarin ist ihnen in seiner positiven Ausstrahlung ähnlich und gibt ihnen dennoch einen wichtigen Werkstoff hinzu: die Weitsicht, konstruktive Lösungsansätze und das Sicherheitsbewusstsein, das dabei hilft, Risiken zu minimieren. Das alles mit einer Leichtigkeit, einer Tragfähigkeit, wie es das Meer beim Schwimmen vermitteln kann. Das mindert den Leistungsdruck und lässt den

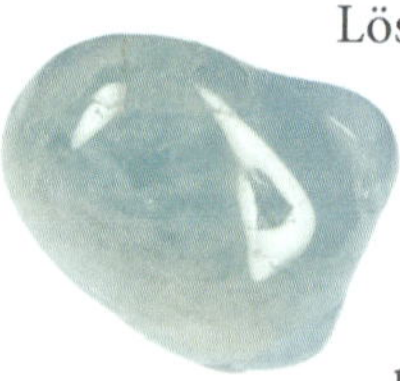

Wassermann auch anstrengende Dinge schaffen. Körperlich stärkt ihm der Aquamarin die Augen und hilft bei Allergien. ***Verfügbarkeit:*** als Trommelstein, klare Steine in Schmuck. ***Anwendung:*** als Schmuck tragen, als Wasserstein oder als Augenkissen nutzen.

Larimar

Dieser sanfte und dennoch kraftvolle Stein hilft, den geistigen Raum zu vergrößern. Er löst energetische Blockaden, vor allem wenn sie sich im Thymusbereich gebildet haben. Er setzt seinen Träger buchstäblich in seine eigene Mitte, wodurch dieser intuitiv sein gesamtes Potenzial erkennt, und das in jeder Richtung. Der Wassermann findet in seinem Stein einen Begleiter mit vielen Wesenszügen, die auch ihm mit in die Wiege gelegt worden sind. Auch er besitzt die geistige Weite und die Fähigkeit, immer wieder eigene Beschränkungen sehr kreativ zu beseitigen. Sollte ihm dies einmal schwerfallen, kann er den Larimar zu Hilfe nehmen. Angst einflößende Situationen überwindet er dann leichter, und Fluchtverhalten wird überflüssig. Mit seiner Kraft beendet er eine passive Opferhaltung recht schnell und nimmt das Leben selbstständig in die Hand. Das Leben fordert oft genau jene Dinge, die dem Wassermann so schwerfallen. Der Larimar hilft ihm, wenn er durch die tägliche Tretmühle aus Routine und Verpflich-

tungen in zermürbendes Kreisdenken geraten ist. Durch seinen Stein kann er sich aus lähmenden Lebenssituationen befreien und zu seinem freien, inspirativen Wesen zurückfinden. ***Verfügbarkeit:*** vorwiegend in Schmuckform. ***Anwendung:*** als Anhänger tragen.

Opal/Edelopal

Ein wundervoller Stein für den Wassermann ist der Opal, denn dessen Wirkweise fördert ähnliche Eigenschaften, wie er sie hat. Der Opal steigert die Freude am Leben. Er befreit von inneren Einengungen und selbst auferlegten Beschränkungen. Er löst Berührungsängste auf und macht den Weg frei für mehr Spontaneität im Leben. So eindrücklich, wie sich sein Farbenspiel präsentiert, erscheint das eigene Erleben intensiver und bunter. Die Fantasie wird angeregt und die Kreativität gesteigert. Der Opal sollte ab und an in Wasser gelegt (gebadet) und vor allzu viel Licht und Wärme geschützt werden, weil er dadurch das in ihm eingelagerte Wasser verliert, das für sein wundervolles Farbenspiel verantwortlich ist. Obwohl der Wassermann ein Zeichen des Luft-Elementes ist, wird seine Affinität zum Wasser und dessen Eigenschaften in allen Beschreibungen erkennbar. Verliert der Wassermann aus welchen Gründen auch immer seine Fähigkeit, »im Fluss« zu sein, in Bewegung zu sein, läuft er Gefahr, seelisch auszutrock-

nen. Sein Inneres wird dann trübe wie der Opal, wenn sein Farbenspiel verschwunden ist. Durch seinen Stein kann der Wassermann begreifen, wie wichtig für ihn das Fließen im Strom des Lebens ist. ***Verfügbarkeit:*** in edler Qualität selten. ***Anwendung:*** als Schmuck tragen oder als Edelstein-Essenz einnehmen.

Silber

Im indianischen Horoskop wird das Silber dem Otter, also dem Wassermann zugeordnet. Er ist damit in dieser Astrologie das einzige Sternzeichen, das keinen Stein bei der mineralischen Zuordnung hat. Silber ist ein edles, hochgeschätztes Metall mit einem besonderen Maß an Flexibilität. Es ist das Metall mit dem höchsten Reflexionsvermögen, also das hellste Metall, das es gibt. Da erstaunt es nicht, dass es mit dem Mond verglichen wird, der das Licht der Sonne so eindrucksvoll reflektiert. Wie der Mond steht das Silber für Intuition, feine Wahrnehmung und das richtige Fließen der Gefühle. Es verleiht Flexibilität und äußeren wie inneren Glanz. Darüber hinaus befreit es von energetischen Störungen. Wie das Metall ist der Wassermann flexibel und wegen seines lichten, fröhlichen Wesens bei seinen Mitmenschen hoch geschätzt. Wie das Silber kann der Wassermann seine feine Wahrnehmung und seine Intuition geschickt einsetzen, um sich selbst und

auch sein Umfeld von energetischen Störungen zu befreien. Sein Metall hilft ihm sehr dabei, seine Gefühle nicht zur Seite zu schieben, sondern immer im richtigen Maß fließen zu lassen. Somit erhält er sich jenen Glanz, von dem sich seine Mitmenschen so angezogen fühlen. ***Verfügbarkeit:*** zumeist als Sterling-Silber (925) legiert und zu Schmuck verarbeitet. ***Anwendung:*** am Körper tragen.

Die Wassermann-Frau in der Liebe

Sie ist eine quirlige Frau, originell und immer in Bewegung. Gilt es, neue Wege zu beschreiten oder verrückte Dinge zu tun, möchte sie auf jeden Fall dabei sein. Dabei sprüht sie vor Tatendrang und ist schnell zu begeistern. Welcher Mann daher glaubt, er könne die Wassermann-Frau ebenso schnell ins Bett kriegen, hat sich allerdings getäuscht. Dafür sind ihre Maßstäbe viel zu hoch. Sie erwartet von ihm, dass er ihren starken Intellekt erkennt und ihr mit gebührendem Respekt entgegentritt. Sie sucht den vollkommenen Gefährten, der ihr Liebe und Kameradschaft gibt. Hat er ihr das zu bieten, was sie liebt, wird sie es ihm danken mit ihrem bezaubernden Wesen. Passendes Mineral: Silber.

Der Wassermann-Mann in der Liebe

Er ist ein Freigeist, mit Konformismus darf man ihm nicht kommen. Es gibt immer einen Weg, anders zu sein. Gerne lässt er sich anregen von kreativen Gesprächen, von kleinen und großen Reisen und natürlich von intelligenten Frauen. Sein Unabhängigkeitsdrang ist allerdings so groß, dass er sich mit einer festen Beziehung recht schwertut. Zunächst möchte er von seinem Gegenüber geistig angeregt werden, bevor in ihm erotische Begierde entflammt. Hat die Frau das geschafft, wird sie mit einem fantasievollen und zärtlichen Liebhaber belohnt. Am längsten kann sie ihn halten, indem sie ihm seine Freiheit lässt und ihn in seinen Begabungen bestätigt. Passender Stein: Aquamarin.

Das keltische Horoskop

Bäume im Zeichen des Wassermanns

25. Januar bis 3. Februar
Zypresse – »Die Treue«

Im Zeichen des Wassermannes zeigt sich die Zypresse in erster Linie der ständigen Erneuerung aller Dinge und sich selbst gegenüber treu. Sie jagt beständig nach dem Besonderen; dabei legt sie einen Freiheitsdrang an den Tag, der ebenso groß ist wie ihre Wissensgier. Sie liebt ihre Freunde, ist von heiterem Charakter und lässt sich schnell begeistern. Bevorzugter Stein: Opal.

4. Februar bis 8. Februar
Pappel – »Die Ungewissheit«

Der Wassermann, der in der Zeit der Pappel geboren ist, möchte dem Licht entgegenwachsen, je schneller, desto besser. Sein Herz ist oft von Unruhe und Zweifeln erfüllt, doch er hört lieber auf den praktischen Verstand, als auf das Gefühl. Er will die Welt entdecken und stets den Schein entlarven, weil er sehr wahrheitsliebend ist. Bevorzugter Stein: Larimar.

9. Februar bis 18. Februar
Zürgelbaum – »Die Zuversicht«

Er ist ein Baum von aufstrebender, entschlossener Natur, der seine vielseitigen Talente auszubauen weiß und der dem Wassermann Zielbewusstsein gibt. Seine Entscheidungen trifft er schnell, für ihn gilt stets entweder-oder. Das heißt jedoch auch, dass seine Messlatte bei den Mitmenschen sehr hoch liegt. Bevorzugter Stein: Aquamarin.

Der feinfühlige Fisch

Geburtstag: 20. Februar bis 20. März
Herrschender Planet: Neptun
Element: Wasser
Qualität: veränderlich
Typus: der einfühlsame Mensch

Fische-Geborene zeichnen sich durch ihre Spiritualität und Gefühlstiefe aus. Sie sind fantasievoll und verfügen über einen großen inneren Reichtum, der sie häufig zum kreativen Schaffen leitet. Wie Krebs und Skorpion gehören sie zum Element Wasser, das für eine ausgeprägte Gefühlswelt verantwortlich ist. Neptun, ihr herrschender Planet, sorgt dafür, dass sie noch stärker als die beiden anderen Vertreter dieses Elements mit ihren Empfindungen verbunden sind. Sie erspüren zwischenmenschliche Zustände genau, ohne dass sie eine Erklärung dafür brauchen, aber ihre prompte, selbstlose und vor allem zielgerichtete Hilfe zeigt, wie zutreffend ihr Vorgefühl war. Für den Fisch ist diese enge Verbindung zum Seelenleben – zum eigenen, wie zu dem anderer – oft gar nicht so einfach. Sie lässt immer wieder seelische Verletzungen zu, mit denen er zu schaffen hat. Selbst in Situationen, in denen andere schulterzuckend auf eine

Beleidigung reagieren, kann der Fisch ernstlich verletzt werden. Deshalb gibt er seine eigenen Gefühle nur bedingt preis, um böse Folgen für sich zu vermeiden. Vielleicht stellt er sich aus diesem Grund eher selten ins Rampenlicht des Lebens und entschwebt lieber in andersartige Sphären. Dennoch kann er sich eines meist großen Freundeskreises erfreuen, denn seine mitfühlende Art wird gerade in unserer Zeit hoch geschätzt.

Fluorit

Der Fluorit kann dem Fisch eine große Hilfe sein, denn er steht wie kein anderer für das Thema »Im Fluss sein«. Nicht nur sein optisches Erscheinungsbild, sondern auch seine Nähe zur Geistigen Welt spricht den Fisch in der Regel sehr an. Das ist gut so, denn der Fluorit kann somit den Fisch da abholen, wo er gerne steht und dort hinbringen, wo er an Seele und Körper gesund bleibt. Mit der geistigen Klarheit, die der Fluorit vermittelt, kann er den Fisch offenhalten für die reale Welt und ihm bei wichtigen Aufgaben die dafür nötige Konzentration und Lernfähigkeit vermitteln. Die wichtigste Maxime, die sich der typische Fisch stellen sollte, ist die Verbindung zum Hier und Jetzt, zur klaren Sicht auf das tägliche Leben. Wenn er das beherzigt, läuft er weniger Gefahr, die reale Welt als feindlich zu betrachten und sich immer wieder in

eine Traumwelt zu flüchten. Auch hierbei hilft der Fluorit dem Fisch sehr effektiv, weil er einengende Lebensmuster auflösen kann. Er vermittelt klaren Raum und schafft damit gleichzeitig die Basis für eine wohltuende Ordnung. Fluorit hält Zähne und Knochen gesund und hilft, die Hintergründe von Allergien zu erkennen. ***Verfügbarkeit:*** als Rohstein ebenso wie in Schmuckform. ***Anwendung:*** Tragen mit Hautkontakt.

Mondstein

Fische-Geborene können viel vom Mondstein lernen, denn er beinhaltet alle wichtigen Charaktereigenschaften, die auch den Fischen zugesprochen werden. So fördert der Mondstein beispielsweise ein intensives Gefühlsleben, Intuition und Einfühlungsvermögen. Gerade jene Vertreter ihres Zeichens, die in den Mühlen der heutigen Zeit zwar ihre Nähe zur Spiritualität spüren, sich aber gar nicht mehr getrauen, sie zu leben, kann der Mondstein darin bestärken, diesen Teil von sich präsent zu halten, im eigenen Interesse ebenso wie im Interesse ihrer Mitmenschen. Dem medial veranlagten Fisch wird der Mondstein ein wichtiger Begleiter sein. Er verknüpft den Zugang zum Mystisch-Magischen mit emotionaler Ruhe und hält die Rückverbindung zur eigenen Natur aufrecht. Er hilft dem Fisch, seine vielfältigen Emotionen richtig zu integrieren

und baut somit irrationale Ängste, Unausgeglichenheit und Stress ab. Der Mondstein gilt als Frauenstein, doch auch die männlichen Fische können von ihm profitieren. ***Verfügbarkeit:*** als Handschmeichler und Schmuck. ***Anwendung:*** bei sich tragen, in die Meditation einbeziehen.

Topas (blau)

Als Stein der Selbstverwirklichung hat der Topas eine wichtige Funktion im Alltag des typischen Fischs, denn bekanntlich neigt dieser dazu, sich selbst immer wieder zurückzustellen, um nur für andere da zu sein. Er muss sogar aufpassen, dass er die Gefühle anderer nicht so sehr aufnimmt, dass er nicht mehr unterscheiden kann, ob es die eigenen oder deren Gefühle sind. Der blaue Topas ist der beste Stein für den Fisch, um das zu vermeiden. Er fördert Selbstständigkeit und die Fähigkeit, das eigene Leben zu leben. Indem der Topas geistige Weite schafft, erkennen die Fische-Geborenen ihren inneren Reichtum und ihr ihnen innewohnendes schöpferisches Potenzial. Dies gibt ihnen neues Vertrauen für den Weg zum eigenen selbstbestimmten Leben. Zustände wie Unzufriedenheit, Launenhaftigkeit oder gar depressive Verstimmungen lösen sich infolgedessen nach und nach auf. Der Fisch braucht seine Gefühle nicht mehr zu unterdrücken, sondern kann sich of-

fen und ehrlich mit all seinem Wissen in die Welt stellen. Körperlich löst der Topas Verspannungen, stärkt das vegetative Nervensystem und hilft bei allen Stoffwechselvorgängen. ***Verfügbarkeit:*** nicht allzu häufig. Bitte beachten, dass besonders blaue Exemplare oft bestrahlt sind. ***Anwendung:*** als Kette oder Anhänger tragen.

Türkis

Im indianischen Horoskop ist der Türkis der wichtigste Edelstein für den Fische-Geborenen. Er beinhaltet in seinem Farbspektrum das Blau des Himmels (Geistige Welt) und das Grün der Erde (reale, materielle Welt). Selbst mit dem Element Wasser (emotionale Welt) wurde er in Verbindung gebracht. Für einen indianischen Medizinmann findet Gesundheit auf all diesen Ebenen gleichermaßen statt. Da der feinfühlende, sensible Fisch häufig auch in der modernen Welt Aufgaben übernimmt, die denen eines Medizinmannes ähneln, sollte er einen Türkis tragen. Das gilt vor allem dann, wenn er viel mit hilfsbedürftigen Menschen zu tun hat, egal, ob beruflich oder privat. Der Stein gibt ihm Erdung, Abgrenzung und Schutz, stärkt sein Gefühl für Leistungsfähigkeit und ist gut gegen Ängste. Er lindert Verspannungen sowie Krämpfe und entgiftet auf allen Ebenen. Durch die Weitergabe einer gewissen Leichtigkeit hilft er

auch gegen Schwere des Gemüts. Für den reisefreudigen Fisch ist er ebenfalls ein sicherer Schutzstein, denn er steht im Ruf, seinen Träger sicher und heil ans Ziel zu bringen. ***Verfügbarkeit:*** verschiedene Qualitäten. ***Anwendung:*** zu bestimmten Anlässen tragen. Kein Wasserstein!

Die Fische-Frau in der Liebe

Sie ist ein bezauberndes Wesen, sinnlich, sanft und sehr weiblich. Durch ihre Affinität zum Künstlerischen sowie Spirituellen erscheint sie geheimnisvoll; gleichzeitig gewährt ihre offene und mitfühlende Art vordergründig sehr viel Nähe. Diese fast gegensätzlichen Eigenschaften verhelfen ihr zu ihrem einzigartigen Charme. Wenn sich die Fische-Frau verliebt – was recht schnell passiert – lässt sie ihre tiefgründigen Augen sprechen, verzaubert mit subtilen Aufmerksamkeiten und überlässt ihrem Gegenüber den ersten klaren Schritt aufeinander zu. In der Partnerschaft braucht sie viel Liebe und Romantik. Wenn sie diese spürt, kann man(n) ihrer Treue sicher sein. Passender Stein: Mondstein.

Der Fische-Mann in der Liebe

Der Fische-Mann ist ein sehr guter Zuhörer und bereitwilliger Helfer. Er ist gerne in Bewegung, hat eine gute Intuition und häufig eine künstlerische Ader. In der Liebe gilt er als einfühlsam, fantasievoll und romantisch, mit gutem Gespür für das, was sein Gegenüber gerade braucht. Um ihn zu erobern, muss die Frau allerdings in den meisten Fällen die Initiative ergreifen, weil er das selbst nicht gerne tut. Er wird selten direkt auf die Auserwählte zugehen, sondern eher versuchen, mit Charme und feingeistigen Gesprächen zu punkten. In der Beziehung zeigt er sich kooperationsbereit und aufmerksam, jedoch fällt manchem Fische-Mann die Treue schwer. Passender Stein: Türkis.

Das keltische Horoskop

Bäume im Zeichen der Fische

19. Februar bis 29. Februar

Kiefer – »Das wählerische Wesen«

Die Kiefer verleiht den Fischen ein gewisses Maß an emotionalem Halt, da sie sehr vernunftbetont ist. Dies kann ihr Erfolge bringen, denn sie hat auch Wagemut und kann mit Widrigkeiten schnell fertig werden. Allerdings wird sie durch neue Empfindungen leicht aus dem Konzept gebracht, und sie gibt schnell auf, wenn etwas nicht so läuft, wie sie es sich wünscht. Bevorzugter Stein: Türkis.

1. März bis 10. März
Weide – »Die Melancholie«

So zart wie die jungen Blätter der Weide ist auch ihr Gemüt. Sie ist anmutig, gefühlvoll und verträumt. Intuition und Einfühlungsvermögen sind bei ihr hoch entwickelt, sie braucht Menschen um sich und liebt Harmonie. Doch sie kennt auch das Auf und Ab der Gefühle sowie eine latent vorhandene Unruhe, die sie dazu treibt, stets mit allem »im Fluss« zu sein. Bevorzugter Stein: Fluorit.

11. März bis 20.März
Linde – »Der Zweifel«

Die Linde im Zeichen der Fische zeichnet sich durch Feinfühligkeit und Sensibilität aus. Sie fühlt sich am wohlsten im Kreis von geliebten Menschen, vor allem dann, wenn sie ihre Hilfe mit viel Herz verteilen kann. Oft verliert sie sich in Träumereien, die zum Großteil Utopie bleiben, weil sie für die Umsetzung ihrer Wünsche zu viele Zweifel ins Feld führt. In Wahrheit ist sie zu sensibel oder manchmal auch zu bequem. Bevorzugter Stein: blauer Topas.

Epilog

Welcher Stein ist denn nun der Richtige? Darauf gibt es keine ultimative Antwort. Zu viele Aspekte sind es, die bei den Sternzeichen ebenso wie bei den Steinen ins Feld geführt werden können. Bei den Sternzeichen haben beispielsweise der Aszendent, die Stellung der Planeten in den Häusern und vieles mehr starken Einfluss. Bei den Steinen wirken Mineralanteile, Herkunftsland und Besonderheiten des Wachstums mit. Und nicht zuletzt: Wir sind Menschen, lebendige Wesen, die sich permanent verändern.

Dennoch gibt es die ganz bestimmten Merkmale, die unser Wesen ausmachen und die in allen Phasen unseres Lebens zu erkennen sind. Diese bestimmten Eigenschaften sind es, nach denen Sie Ihren Sternzeichenstein auswählen.

Dieses Buch ist als Wegweiser gedacht, der Ihnen bei der Wahl des eigenen Steins behilflich sein kann. Lassen Sie dazu auch immer ihre Intuition sprechen. Doch auch wenn Sie ein gutes und nützliches Geschenk für einen lieben Menschen suchen, wird der passende Stein zum Sternzeichen sicher großen Anklang finden.

Über die Autorin

Ulla Rosenberger hat im Rahmen ihrer Ausbildung zur Goldschmiedemeisterin den Zugang zur Geologie, Mineralogie und Gemmologie (Bestimmung von Edelsteinen) gefunden. Im Jahr 1992 lernte sie die Heilsteinkunde kennen und beschäftigt sich seither täglich damit. Seit vielen Jahren arbeitet sie im Schirner Mineralienparadies in Darmstadt. Darüber hinaus verfügt sie über eine abgeschlossene pädagogische Ausbildung und arbeitet intensiv mit Kindern im Alter von vier bis dreizehn Jahren.

Ulla Rosenberger
Wasser & Steine
Edelsteinwasser selbst herstellen
112 Seiten
ISBN 978-3-8434-5093-5

Ulla Rosenberger
Der Schungit
Herkunft und Anwendung
eines einzigartigen Heilsteins
112 Seiten
ISBN 978-3-8434-5140-6

Bildnachweis

Bilder von www.shutterstock.com:
Schmuckelemente auf allen Seiten: Feder: #173663279 (©Transia Design), Sternzeichenbilder: #264254108 (©xenia_ok), Weitere Bilder: S. 109 #480383305 (©Snowbelle), S. 97 #519356923 (©Zverge), S. 87 #599670746 (©Kakabadze George), S. 71 # 253068484 (©pixelman), S. 103 #369988907 (©vvoe). S. 74 #604883741 (©JoannaTkaczuk), S. 57/108 #96570382 (©Wolfilser), S. 57/108 #503261905 (©m.bonotto), S. 56/107 #573839785 (©Armando Frazao), S. 49/100 #677401210 (©Przemyslaw Muszynski), S. 47/99 #520859911 (©StevanZZ), S. 40/92 #681076834 (©Oleh Dubyna), S. 22/48/100 #338972102 (©photolike), S. 30/83 #125078288 (©Wolfilser), S. 23/75 #149474318 (©Volker Rauch), S. 15/65 #17058421 (©Darq), S. 31/82 #513063721 (©Bos11), S. 15/66 #178723310 (©Elena Elisseeva), S. 31/83 #115322065 (©cynoclub), S. 39/91 #122003605 (©konzeptm), S. 39 #522215602 (©Iakov Filimonov), S. 40/91 #265161605 (©Serg64), S. 22/73 #75259483 (©Rosa Frei), S. 15/65 #368788544 (©LukeLuke), S. 14 #577672450 (©Allen Paul Photography)

Alle weiteren Fotografien der Heilsteine:
Arne Gutowski, Schirner